JN410772

엄마는 허수아비

엄마는 허수아비

초판 1쇄 인쇄 2012년 5월 16일
초판 1쇄 발행 2012년 5월 21일

지은이 | 황동남
펴낸이 | 金泰奉
펴낸곳 | 도서출판 띠앗
등 록 | 제4-414호

편 집 | 김주영, 김수정, 이혜정
마케팅 | 김영길, 김명준
홍 보 | 김태일

주 소 | (우143-200) 서울시 광진구 구의동 243-22
전 화 | (02)454-0492(代)
팩 스 | (02)454-0493
이메일 ddiat@ddiat.co.kr
홈페이지 www.ddiat.co.kr

책값은 뒤표지에 표시되어 있습니다.
ISBN 978-89-5854-089-2 (03810)

엄마는 허수아비

(뻐꾸기 우는 사연)

황동남 지음

KBS 〈이것이 인생이다〉 외 다수 방영
〈손깍지 사랑〉, 〈달맞이꽃 손깍지〉 시인의
어린이도 즐겨 읽을 수 있는 제3 화보집

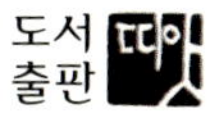

사랑하라 꽃을,
세상 모든 꽃은 열매를 맺고
그 열매를 위하여 존재하다
그 열매로 인해
수만 상처의 대명사로
서서히 빛바래며
어둠에 흩날림이니…

책머리에

빼꾸기로 온다는 한 여인의 눈물겨운 삶을 통하여 어제와 오늘, 그리고 내일… 있으면 있는 대로, '있으면 좀 나았을까?' 없으면 없어서 갖은 눈치 속에 결국은 내동댕이쳐져 슬픈 눈동자의 고독으로 어둠을 맞이할 '여인' 세상의 모든 엄마들의 모습을 그려보았고, 나름대로의 짧은 동화란 글을 인용하여 우리들의 내면을 살짝 엿보며 다시금 엄마라는 두 글자를 외쳐본다.

잠시라도 아니 보면 보고파 견딜 수가 없는 그러한 '부모' 엄마가 그 무엇 많은 것을 바라리. 그저 자식의 모습, 목소리만 언뜻 스쳐도 태산의 걱정이 녹아내리고, 나이 들어가면서 제일 무서운 것은 진정 배고픔이 아닌 그토록의 외로움이라는 것을 우리는 아주 잠깐, 아주 조금만이라도 생각하면서….

참으로 먹고살기가 바빠서, 아니면 여유가 좀 있어 식구들과 즐기다 보니 깜박 잊고 부모를 찾아뵙지 못한 이가 있다면 지금 얼른 수화기를 들어 낯선 골방에서 홀로이 자식을 기다리는 엄마나 아빠에게 목소리라도 전하여, 다섯 가지 불효 중에 첫 번째 '게을러서 부모를 봉양하지 않음'의 그 한 가지만이라도 행하길 바라는 마음 간절하다.

졸필이나마 글을 쓸 수 있게 저 하늘에서 영으로 계시해 준 엄마에게 생각의 영역이 여기까지라는 것에 참으로 부끄럽고 죄송스러우며… 때로는 평론가로, 때로는 어머니를 대신하며, 다정한 벗으로, 연인으로, 늘 곁에서 메마른 가슴을 흠뻑 적셔 준 아내와, 출판사 관계자님들께도 깊은 감사를 표합니다.

- 황동남

차례

제1장

뻐꾸기 우는 사연

한 여인이 있다

여인은 막냇자식네 기거하며 글을 써 자신의 마음을 표현하려다
글이 잘 안 되니 그림을 그리기 시작한다.
이 그림은 이 책 소재의 여인이 처음 그려 벽에 붙인 것이며
그를 계기로 책갈피마다 함께하는 그림들 외
30여 편의 그림을 더 그렸음을 전하며
여인의 글 몇 편은 뒷면에 삽입한다.

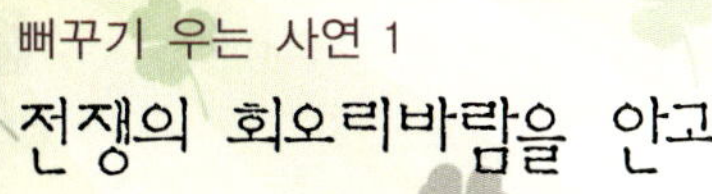

빼꾸기 우는 사연 1

전쟁의 회오리바람을 안고

한 여인이 있다.

여인의 나이 36세, 6.25전쟁의 포성과 함께 북에서 남으로 남으로, 목숨을 건 피난 끝에 머문 곳, 충북 괴산이란 어느 산골 마을 초등학교 교실이다. 웅성거리는 피난민 속에 여인은 남편과 어린 4남매, 그리고 뱃속에 또 하나의 생명을 안고 정착을 한다.

피비린내 진동하는 난민들 속에서 추위와 굶주림은 계속되었고, 그 와중에 피난의 후유증인지 여인은 한 가닥 바람막이였던 남편마저 갑작스러운 죽음으로 떠나보낸다.

몇몇 사람의 도움을 받아 가까스로 학교 뒤 산기슭에 매장을 한 후, 연인은 언제까지고 학교 교실에서 피난생활을 할 수만은 없다는 생각에 그곳을 뛰쳐나온다.

막상 나오니 집이나 건물들은 모두 포격으로 무너져 내려 마땅히 기거할 곳이라고는 한 곳도 없다. 여인은 어린 새끼들을 보듬어 안고 이리저리 헤매다 다행히 반쯤 무너져 내린 초가집을 발견하고 대충 손을 보아 보금자리를 꾸린다.

그리고 보물단지처럼 쌈지에 꼭꼭 모아놓았던 몇 푼의 돈을 꺼내어 아수라장인 시장을 찾는다. 장사를 하기 위해서다. 비누며, 머리빗이며, 여인들이 일상에 필요한 소소한 것들을 구입하여 광주리에 담아 이고 길을 나선다.

발이 불어 터지도록 종일 돌아다니며 물건과 맞바꾼 잡곡 몇 줌을 안고 허덕허덕 둥우리로 들면 한밤이다.

엄마를 기다리던 아이들은 배고픔에 지쳐 이리저리 쓰러져 잠이 들고, 혹시 죽기라도 했나 싶은 여인은 놀래어 아이들을 흔들어 깨운다.

"얘들아, 얘들아! 일어나거라, 엄마 왔다."

여인은 부랴부랴 받아온 잡곡을 끓여 이 입 저 입 허기를 달래놓고는 낫과 새끼줄을 둘둘 말아 들고 산야로 든다. 갈대를 베기 위해서다. 물론 땔감도 필요하겠지만 더 중요한 것은 무너진 초가라 비가 오면 비를 피할 수가 없어 지붕을 만들기 위해서다.

봄 '여인' 자신의 꿈 많은 소녀시절을 그리워하지 않았나 한다.

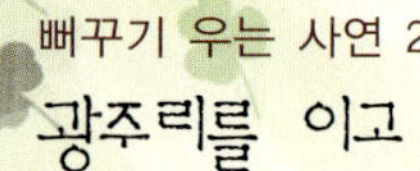

뻐꾸기 우는 사연 2

광주리를 이고

금방 무엇이라도 나타날 듯한 칠흑 같은 산골짝에서 오직 위안이라면 뱃속의 아이와 별들의 반짝임뿐 그 무엇 하나도 어둠에 낯설다. 서걱서걱 갈대를 한아름 베어 머리에 이고 돌아오면 어느새 밤은 하얘지고, 갈대를 엮어 지붕을 만들다 보면 아침이다.

죽 한술 끓여 아이들과 먹는 둥 마는 둥 하고 여인은 또 몸을 일으킨다.

"애들아, 엄마 올 때까지 어디 멀리 가지 말고 집에서 놀아…."

이 집 저 집 기웃거리나 처음 하는 장사라 부끄럽기도 하고 쑥스러워 입이 잘 안 떨어진다. 그도 그럴 것이 곱게 자라 출가하여 아이들 낳고 밥술이나 먹으며 마냥 작은 행복만을 꿈꾸었으니….

"기세유, 기세유…."

그래도 현실은 어제가 아니라는 사실에 여인은 용기를 내어 사람을 부르나 태반이 빈집이고, 어쩌다 남정네의 기침소리나 신발이라도 댓돌에 놓여 있으면, "에구머니" 무슨 큰 잘못이라도 한 양 휑하니 돌아선다.

그렇게 종일 산 넘고 개울 건너 헤매다가 허기진 배에 사르르 통증이 느껴지면 '아이고, 이 자식이 무척 배가 고픈 게로구나…' 옹달샘 가에 주저앉아 양손을 깍지 껴 물 한 모금 받아 입을 축이고 배를 어루만진다. '그래, 그래. 어여 집에 가자…' 달빛이 밝혀주는 고요를 따라 움막으로 든다.

"얘들아! 엄마 왔다, 엄마… 다들 집에 있니?"

"응, 엄마…."

"아니… 그런데 철이와 식이는 왜 안 보여?"

여인은 주위를 살펴도 15세 큰아이와 여섯 살배기 막내여식만 있고 가운데 13,11세 아이가 없다. 어찌된 사실인지 남아 있는 두 아이에게 물으니 낮에 집을 나가 안 들어온다 한다.

나중에 알게 된 사실이지만 그 둘은 배고픔을 견디다 못해 얻어라도 먹겠다고 둥우리를 뛰쳐나간 것이다.

이 꽃과 같이 여인은 아름답고 싶었으리…

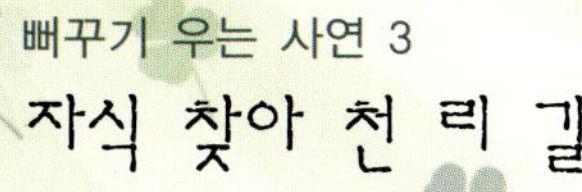

뻐꾸기 우는 사연 3

자식 찾아 천 리 길

남편도 잃고 굶주림 속에 배는 점점 불러오고… 그래도 여인은 자식들을 찾아야 한다는 일념에 매일 장사를 하며 두 자식의 빛바랜 흑백사진을 가슴에 안고 삭막한 거리와 집집마다를 배회한다.

"기세유, 기세유… 여보셔요, 여보셔요… 혹시 이런 아이들 못 보았나요?"

몇 날 며칠을 찾아 헤매도 아이들의 행방은 알 길이 없다.

'도대체 어디로 갔단 말인가….'

입술이 새까맣게 타고, 털썩 주저앉아 넋을 놓고 있는데,

"아니, 이거 주 엄마 아니야. 그런데 왜 여기 앉아 눈물을 흘리고 있어? 뭔 일이 있는감?"

지난날 학교에서 함께 피난생활을 하던 여인이다.

"아이들이 집을 나가 소식이 없어요, 혹시 못 보셨나요?"

"뭐라고? 그러고 보니 요 며칠 전 아이 둘이 뿌르르 가길래, 어디를 가냐고 물으니, '몰라도 돼요, 어쩌면 원주란 곳으로 갈지도 모르고요…' 그러면서 휙 뛰어가드라고!"

"아이쿠, 그래요. 네? 잘 알았어유 아주머니, 고마워유."

여인은 정신이 버쩍 들어 뿌르르 움막으로 돌아와 남아 있는 두 아이를 앞세우고 원주란 곳으로 발길을 향한다.

'애들아, 제발 어디 가지 말고 그곳에만 있어다오….'

두견새의 밤

저 하늘
수만 별들의 화려함을 떠나
저 홀로 쓸쓸히 길 가는 저 달은

부귀영화를 버리고
심심산천으로 드는
어느 선비의 고고함일 것이요

저 크나큰 건물에 부딪혀
나뒹구는 바람의 울음은
이 시대를 살아가는 무명들의
고달프고 애절한 사랑가일 것이나

그 노랫소리에
가슴이 아픈 한 마리 원앙은
오늘을 즐거운 듯 눈물짓는
또한 어느 무명 꽃의 애환일 것이리…

성숙한 여인, 자신을…

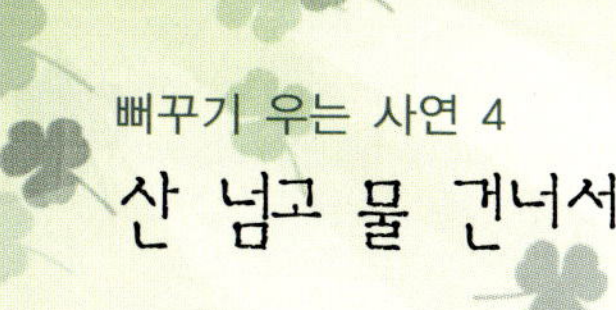

뻐꾸기 우는 사연 4

산 넘고 물 건너서

아직도 끝나지 않은 전쟁의 포성은 이곳저곳에서 가슴을 서늘케 하고, 8월의 끝자락 햇살은 왜 그리도 대지를 태우며 만삭인 여인의 숨통을 턱턱 막는지….

"엄마, 나 이제 더 못 가겠어, 못 가겠단 말이야!"

가녀린 얼굴이 벌겋게 무르듯 땀을 뻘뻘 흘리며 아작아작 따라오던 여섯 살배기 여식이 털썩 주저앉는다.

"일어나, 어서 일어나라고! 누구는 좋아서 걷는 줄 알어."

"그래, 엄마. 좀 쉬어 가자 응? 나도 그렇지만 재가 얼마나 다리가 아프겠어…."

15살 큰자식이 제 동생이 가여운지 말을 거든다.

"그래, 그럼 잠깐만이야…."

여인은 땀범벅이 되어 이고 오던 짐 보따리를 내려놓으며, 아이들을 바라본다. 큰자식도 그렇지만 여섯 살배기의 여린 발이 정말 물러 터져 피가 흐른다. 그도 그럴 것이 몇 날을 그렇게 쉼 없이 걸었으니 아니 그럴 수 있으랴….

여인은 저려 오는 가슴을 억누르며,

“그래, 내가 미쳤지. 두 자식 찾으려다 두 자식 잃겠네….”

주위의 애기똥풀을 뜯어 찧어 아이의 발에 바르고는,

“업혀라 엄마한테….”

그렇게 몇 날의 피걸음으로 강원도 ‘귀래’라는 작은 산골 마을에 도착을 한다.

동으로 서로 여인은 흩어진 자식들을 찾아…

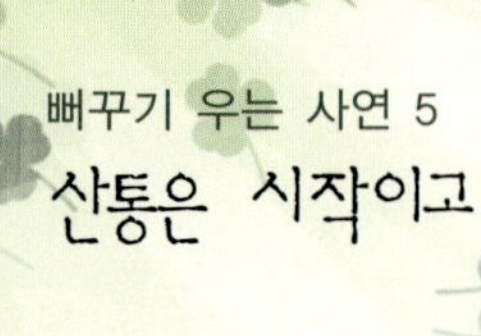

뻐꾸기 우는 사연 5

산통은 시작이고

땅거미는 깔리고 뱃속의 아이는 세상 밖으로 나오려고 통증이 거세어 도저히 참을 수가 없다. 여인은 급한 나머지 어느 허름한 초가집 문전을 기웃거리며 몸을 풀 수 있는 방 하나만 빌리자고 사정을 하나 전쟁의 민심은 흉흉하여 그 어느 곳 방이라 생긴 것을 선뜻 내어 주지 않는다. 다급한 나머지 여인은 아무 곳이라도 좋으니 몸 가릴 만한 곳을 부탁하여 어느 집 헛간에 간신히 자리를 깔고 분만을 한다.

돌보아 줄 이 하나 없으니 쌓아놓은 볏짚을 움켜쥔 채 몸부림치며, 쏟아지는 피와 그 모든 고통의 잔해는 온전히 여인 자신의 몫이다.

훗날 그 아이가 커 들은 말에 의하면, 당신 큰아이 자신의 형 그는 돈을 벌겠다고 일감을 찾아 떠났고 여섯 살배기 자신의 누나가 발을 찌뚱거리며 그곳 너러리란 읍에 나가 미역 한 올 사온 것이 전부였다 한다.

그렇게 산후 조리도 못한 채 여인은 또다시 두 자식을 찾기 위해 아직 물기도 마르지 않은 핏덩이를 등에 업고 흐느적거리는 몸을 세워 원주란 곳으로 향한다.

그러나 그곳 여기저기 아이들이 있을 만한 곳을 찾아 돌아보아도 없다.

'아, 도대체 애들이 어디에 있을까….'

여인은 허탈하여 미칠 것 같은 심정이지만, 더 이상은 움직일 기력도 여력도 없으니 어찌할 수 없어 얼마간 그곳에 주저앉는다.

굶기를 숨 쉬 듯하니 젖이 안 나와 핏덩이는 개구리처럼 말라 비틀어져 점점 사륵사륵 숨을 거두어 가고….

그러한 사실을 보다 못한 이웃이 겉보리라도 한줌 갖다 주면, 그 끓이는 눈물을 받아 겨우 아기의 마른입을 적시어 가까스로 목숨만 부지케 하여 등에 업고 또 이곳저곳을 헤매 돈다.

먹을 것도 구해야 하지만, 행여 아이들의 소식이라도 접할 수 있을까 해서다.

"보세유, 보세유, 혹시 이런 아이들 못 보았나요…."

전과 같이 사진을 들고 사람 소리가 나는 곳을 따라 행보는 연속이나 막막하기 그지없다.

그러던 중 큰아이가 돌아와 일하던 곳에서 들었는데, 아이들이 춘천이란 곳으로 갔다 한다.

"뭐, 춘천? 그래 우리 그리로 가 보자."

여인은 또 춘천이라는 곳으로 발길을 향한다.

오리무중에 여인은 남의 집 헛간을 얻어 아이를 출산할 때를…

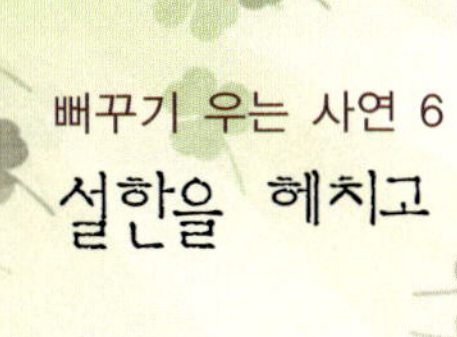

빼꾸기 우는 사연 6

설한을 헤치고

업고, 걸리고… 이제는 셋이다.

하염없이 눈은 쏟아지고 굽이굽이 산길을 따라 떼어놓는 발길….

'빨리 이 산을 넘어야 할 터인데… 아니면 눈 속에 갇혀 오도 가도 못 하고 얼어 죽을 텐데….'

그랬다. 그 당시는 눈이 내렸다 하면 보통 처마 높이를 훌쩍 넘겼다. 여인은 지난 시간 전쟁의 포화 속을 헤치고 피난을 하던 행보보다 더한 고통이고 아픔이지만 그러함을 생각할 겨를도 없이 걸음이 바쁘다.

'아이고머니!'

여인은 쫄쩍 미끄러지면서 등에 업었던 아기가 포대기에서 쏙 빠져 눈 위를 굴러 내린다. 그 조금 밑에는 까마득한 낭떠러지인데….

"아이고 이를 어쩌나, 애들아, 주야! 자야! 어떻게 좀 해봐… 아아, 이를 어찌하나…."

그때다. 앗, 쭈르르 미끄러져 내리던 아이가 멈추어 선다. 허둥허둥 다가가니 손가락 굵기의 자그마한 아카시아 나무에 아기의 가랑이가 걸려 더는 못 내려간 것이다.

"천지신명이시여, 고맙습니다, 고맙습니다, 정말 고맙습니다."

여인은 아기를 왈칵 끌어안고 눈구덩이에 주저앉아 입술이 움직이는 대로 허공에 대고 고마움의 주문을 왼다.

"엄마, 우리도 얼어 죽겠단 말이야…."

두 아이도 추위를 견디다 못해 발을 동동 구르며 야단이다.

"그래 그래, 알았다. 얼렁 가자. 저기 저 아래 마을이 보이니 조금만 참고…."

여인은 아기를 바싹 끌어당겨 업고 두 아이를 앞세워 이를 악물고 간신히 설산을 빠져나와 춘천이란 곳에 도착한다.

존재의 이유

폭풍 휘몰아치는 사막에 앉아
새까맣게 타버린 모래알을 세고 있다
모래알 하나, 나 하나
모래알 둘, 나 둘

매일 그렇게 모래알을 세어도
다 세지 못하는 까닭은
아직 나에게 어둠이 오지 않았고
내가 아직 가야 할 길이 멀기 때문이다

모래알 셋, 나 셋
모래알 넷, 나 넷
지금도 나는 모래알을 세고 있는데
다 세지 못할 까닭은 없는데

아직도 나는 너를 위해 할 일이 많이 남아 있고
이미 죽어 버린 모든 것까지도 깨워

내 세지 못한 삶의 고운 모래알을
세게 할 이유가 있기 때문이다

노란 꽃
여인의 어린 시절을…

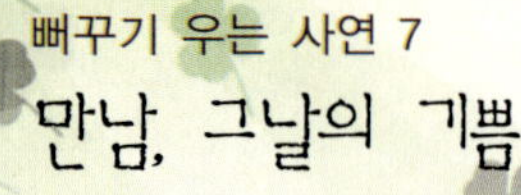

뻐꾸기 우는 사연 7

만남, 그날의 기쁨

여인은 두 아이 기거할 곳을 마련하고는 다시 또 사진을 들고 거리를 헤맨다.

"보셔유 보셔유, 혹시 이런 아이들 못 보았나요?"

그러나 등에 업힌 아기의 배고픈 울음소리뿐, 스치는 인적도 뜸하다.

'아, 도대체 애들이 어디로 갔단 말인가, 죽었는가 살았는가….'

여인은 등에 업혀 배고픔을 견디다 못해 사력을 다해 울음을 토해내는 아기의 심장에 고동소리를 다독이며 어느 외진 길모퉁이를 도는데 아이들의 목소리가 들린다. 기웃기웃 소리를 따라 발길 멈춘 곳, 고아원이다.

"혹시 여기 이런 아이들이 없나요. 이름은 철이와 식이라고 나이는 11살, 13살인데요…."

고아원에 있는 듯한 사람에게 사진을 내미니 물끄러미 바라본다.

"어? 여기 애 맞네. 그런데 혼자인데…" 그러며 아이의 이름을 부른다.

여인은 깜짝 놀라, '아니 이럴 수가… 그럼 여기에 있단 말인가. 아니야, 아니야 이름이 같을 수도 있지. 하지만 꼭 내 새끼들이었으면…'

자신의 이름을 부르는 소리에 무슨 일인가 싶어 뿌르르 달려오는 아이를 보는 순간 여인은 깜짝 놀라며, "아, 아니, 식아!" 아이를 덥석 끌어안는다.

"그래, 내 새끼들 여기에 있었구나, 여기 있었어. 그런데 형은… 형은 어디 있어?"

아이는 몰래 집을 나왔다는 잘못에 엄마한테 혼이 날까 봐서인지 고개를 푹 숙이고 한참을 말이 없다.

"형은 어디에 있냐구…."

아이는 쭈뼛쭈뼛하더니, "형, 형은 미군 부대에서 심부름을 하고 있다고 그랬어…."

"미군 부대? 그래, 그 미군 부대가 어디야. 어여 가자 형한테…."

여인은 고아원에서 아이를 데려가는 절차를 마치고, 아이를 앞세워 미군 부대로 향한다.

초소에는 미군도 있지만 한국군도 있다.

"어떻게 오셨나요?" 한국군이 묻는다.

"이러한 아이를 찾으러 왔는데요…."

여인이 아이의 사진을 내미니… 군인은,

"아, 네. 잠시만 기다려 보세요…."

안으로 연락을 하고 얼마 후 아이가 나온다.

"철아…!" 여인은 아이를 맞으며 두 아이를 부둥켜안고 번갈아 얼굴을 비비며 그저 좋은데 약은 눈물밖에 없다.

천지를 진동하는 포화 속에서도 꼬옥 잡은 손 놓칠세라 한사코 끌어안았던 내 새끼들… 그 얼마나 애간장을 녹였던가.

여인은 어린 새끼들 다섯을 오르르 보듬으며, 다시 헤어져서는 안 된다고,

"애들아, 우리 이제 그 어떠한 일이 있어도 절대로 집을 나가거나 떨어져선 안 돼, 알았지! 꼭이야…."

"자, 이렇게 엄마하고 약속하는 거야…."

자식들마다 너, 너, 너 하며 손가락을 걸어 약속을 한다.

남들은 스스로도 버거워 동였던 끄나풀도 풀어 던져 버리는 상황인데, 그 무엇이 여인으로 하여금 그처럼의 모성애를 불러일으켰을까.

그러나 여인은 자식들을 모두 만났다는 기쁨도 잠깐, 이제부터 무엇을 어떻게 살아가야 하나 하는 막막함이 앞을 가린다.

'그래, 아무렴 굶어 죽기야 하랴….'

우선 어느 외진 곳, 둑이 있고 둑 넘어 벌을 지나 강이 흐르고, 강 건너엔 산이 있는… 그 둑 밑에 둥우리를 튼다.

매화에 새 두 마리… 여인은 두 자식을 찾았다는 뜻일까…

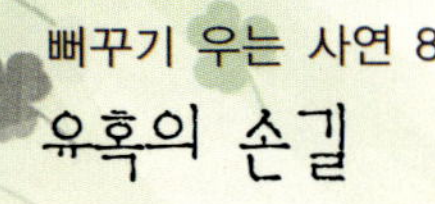

뻐꾸기 우는 사연 8

유혹의 손길

지금 같으면 일거리도 많아 쉬운 일을 골라 가며 할 수도 있건만 그 전쟁의 폐허 속에 무슨 일거리가 그리 있으리… 여인은 가뭄에 콩 나듯 남의 논밭 김매기 품팔이며, 발갛게 타다만 산야로 다니며 나물을 뜯어 밀기울 한줌 섞어 죽을 끓여 근근이 여섯 입 목숨을 부지한다.

“애기 엄마, 집에 있어? 저 앞산 묘에 서울 사람이 내려와 시재를 지내는데 좀 도와달래, 우리 같이 갈까?”

“그러세유!”

여인은 나이가 좀 들은 이웃 아낙의 말에 일을 해주면 무엇이라도 먹을 것을 얻어 올 수 있다는 생각에서 얼른 아이를 둘러업고 따라나선다. 묘소엔 소복 차림의 상주 외에도 많은 사람과 어여삐 차려입은 여인네들도 보인다.

‘아, 나도 한때는 저러 했는데….’

여인은 음식을 가득 풀어놓은 곳에서 그릇을 챙기고 묘소로 음식을 나르고….

“어머, 이런 시골에도 저리 고운 애기 엄마가 살고 있었네. 차

암 곱다….”

60쯤일까 더 되었을까 하는 서울에서 내려온 여인의 말이다.

“여보우 애기엄마, 보아 하니 농사꾼 같지는 않은데 이런 시골에서 무엇을 해 먹고 살우, 신랑은 농사를 지우?”

“신랑은 뭐구, 농사는 뭐여유…. 신랑은 피난생활을 하다 저세상으로 먼저 가고, 집 나간 아이들을 찾아 헤매다 이곳까지 와서 새끼 다섯을 오르르 데리고 풀뿌리며 나물을 뜯어 근근이 입에 풀칠하며 지낸다우. 에그, 내가 봐도 참 딱해….”

이웃집 아낙이 그 속내를 잘 아는 양 말꼬리를 문다.

“아주머니! 웬 그리 쓸데없는 말을 해유….”

“쓸데없긴, 내 말이 맞지 뭐가 틀렸는가?”

이웃 아낙은 쟁반에 음식을 담아 이고 뿌르르 묘소로 오르고….

“그런 사연이 있었구먼, 딱도 해라….”

“이봐요 애기엄마, 이러지 말고 함께 서울로 올라가면 어떨까? 우리 집에 가서 한 식구처럼 지내며 나의 일도 도와주고 하면서 말이야….”

“아주머니 댁은 식구가 없는가 봐유….”

“응, 두 남매인데 출가하고 영감하고 조그마한 식품가게를 운영하며 사는데 적적하기도 하고 해서….”

“안 돼유, 여기 자식새끼들은 어떻게 하구유….”

"그야 뭐, 아이들이 몇 살인지는 몰라도 좀 컸으면 서울에는 공장이다 뭐다 일할 곳이 많으니 그런 곳에 가서 제 밥벌이라도 하면 되지…. 우리 영감한테 말해 아이들이 있을 만한 곳을 알아봐 줄 터이니 그렇게 할래요?"

"등에 업힌 젖먹이와 여덟 살배기 여식도 있는데유…."

"젖먹이는 엄마와 같이하고 여식은 남의 집 설거지라도 거들어 주라고 보내면 되지!"

서울 여인은 애기엄마의 그 무엇이 마음에 들었는지 자꾸 말을 던진다.

언제 묘소에서 내려왔는지,

"그렇게 해 애기엄마. 이런 깡 시골에서 무엇을 해 먹고 살아, 나 같으면 얼씨구나 하겠다…. 누가 알아? 서울에 갔다 돈 많은 남정네라도 만나면 팔자 고칠지…."

"에구머니, 그럼 나더러 재가라도 하라는 말이에유?"

"그래, 아직 젊디젊어 곱상해 가지고 뭣 하러 이 시골에 박혀 새끼들하고 고생을 하노…. 새끼들도 품 안에 자식이지 나 보니까 다 필요 없어. 혀가 빠지게 먹을 것 못 먹고 키워 놓아 봤자지 짝 만나 가버리니 그만이드라…."

"그래요 애기엄마, 나와 같이 있으면 월급이라기보다 섭섭지 않게 챙겨주고, 또 본인이 원하면 좋은 남자도 알아봐 줄 터이니 잘 생각해 봐요…."

그러면서 서울 여인은 연락을 주면 데리러 온다며 주소를 적어 준다.

"알았어유, 집에 가서 생각해 볼게유…."

여인은 묘소에서 일을 도와준 대가로 몇 푼의 돈도 받고 음식을 한아름 챙겨 돌아선다.

"애들아, 이거 먹자!"

여인이 보따리를 풀어 가지고 온 음식을 펼치자, 새끼들은 와 하고 둘러앉아 떡이며 부침개며 막 주워서 입으로 들어간다. 그리도 좋아하는 새끼들의 모습을 물끄러미 바라보며….

여인은,

"찬찬히들 먹어. 물 마시며, 얹힐라…."

자신의 배고픔은 어디로 갔을까….

그렇듯 여인은 허리 한 번 펴고 숨 돌릴 틈조차 없이 갈걷이 끝난 비탈 밭을 돌아다니며 곡식 이삭을 주우며 땔나무를 하며 바동거리지만 자식들이 커 가니 먹을거리는 점점 더 궁색하여 지기만 하다.

여름 같으면 무엇을 어떻게 해서라도 입에 풀칠은 할 수 있으련만 점점 날이 추워지기 시작하니 이 겨울을 또 어찌 살아 내야 하나…. 여인은 그 누구에게도 말 못할 근심이 더욱 더 텅 빈 가슴을 매몰차게 쓸어내린다.

'차라리 그 서울 여인한테 연락이라도 할까? 아니야, 아니야 절대 그럴 수는 없어…. 내가 어떻게 찾은 자식들인데. 또 헤어지지 말자고 내가 먼저 손가락 걸어 약속해 놓고 이제 와서 나 하나 편하자고 새끼들 남을 주고 헤어진단 말인가. 그리고 뭐 재가를… 그건 더더욱 말도 안 되는 소리야…. 그래 내가 미쳤지, 미쳤어. 그래서 미친 생각을 했던 거야, 천지가 무서운 줄도 모르고….'

여인은 추수가 끝난 논에서 벼이삭을 주우며 잠시 흔들리는 마음을 가다듬는다.

화분도 봄꽃… 여인의 젊음을…

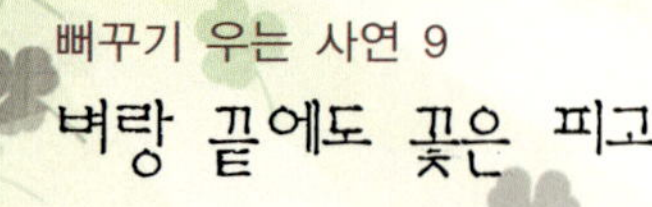

빼꾸기 우는 사연 9

벼랑 끝에도 꽃은 피고

'돈 백만 환만 있으면 라디오도 사놓고, 축음기도 사놓고, 이밥(쌀밥)도 실컷 먹고….'

젖이 안 나니 젖을 못 먹어 죽어 가던 그 어린 막냇자식이 굴렁쇠를 굴리며 부르던 꿈의 노래다.

어느 날이다.

밥상 위, 빙 두른 죽 그릇 가운데 막냇자식 그가 그렇게 그리워하던 새하얀 이밥 한 바가지가 김을 모락모락 피워 올리며 놓여 있다. 형들은 와 하며 우르르 덤벼들어 금세 한 숟갈씩 다 퍼먹고 자신은 아직 어리니까 끼어들지도 못하고….

그 모습을 물끄러미 바라보던 여인은,

"에고 이놈들아, 그 한술 남겨 너희 동생 좀 주지 다들 먹었니?"

큰자식들은 그제야 "어, 정말 막내가 있었네" 하며 미안한 듯,

"그런데 엄마, 쌀은 어디서 구했으며 웬 돌이 그리도 많아, 이가 다 망그러졌잖아" 하며 화살을 다른 데로 돌린다.

"그 쌀 말이냐? 그거 엄마가 아까 하도 막내가 이밥 타령을 하길래 갈걷이 끝난 논바닥을 돌아다니며 벼이삭을 주워 절구에 빻은 거란다. 그래서 그런가 봐…."

"음, 그렇구나…."

큰자식들은 밖으로 뛰어나가고… 막냇자식은 훌쩍거리고….

"울지 마라. 내일 또 엄마가 벼이삭을 주워 이밥을 해줄게. 알았지…."

막냇자식은 엄마의 말에 내일을 기다리며 은구슬 눈물을 훔치며….

"고 바라, 요것들아. 아휴, 쌤통이다. 아주 이나 확 부러져 버리지들…."

지금도 그 막냇자식은 어린 시절을 회고하며 자신은 서열에 밀려 이밥 한 알 입에 못 넣은 것이 마음에 남지만 다행인 것은 이가 안 망그러졌다는 사실에 피식 웃음을 던진다.

여인은 땟거리가 없어 굶어도 때가 되면 꼭 군불을 지펴 맹물이라도 끓인다.

막냇자식은,

"엄마 밥도 안 하면서 물은 왜 끓여?"

여인은,

"굴뚝에 연기라도 나야지…."

"왜?"

"멀리서라도 이웃이 보고 굴뚝에 연기가 안 나면 저 집 밥 굶는다고 무시할까 봐서…."

그랬다. 여인은 자식들이 이다음에 커서 어떠할지도 모를 터인데 기를 죽여선 안 된다는 기대의 마음에서였던 것 같다.

"고등어나 동태 왔어요!"

겨울이면 어쩌다 한두 번 생선장사가 자전거에 비릿한 것들을 싣고 돌길을 덜거덕거리며 십 리 건너 집 한 채씩 있는 곳도 마을이라고 찾아온다.

여인은 아궁이에 청솔가지를 가득 넣어 맹물을 끓이다 휑하니 생선장사에게로 나간다.

"아저씨! 이놈은 얼마고 요놈은 얼마예요?"

여인은 마치 생선을 살 것처럼 이것저것 주무르나 마음은 미안하기 그지없다. 그것은 아침부터 여인네가 물건도 안 사면서 방정을 떤다는 생각에서다.

"미안해요, 아저씨. 다음에 살게요…" 하며 돌아선다.

"엄마, 엄마! 비린내는 나는데 왜 국에 나물만 있고 고기는 없어 정말 정말…."

여인은 피식 웃으며….

"생선 살 돈이 어디 있니? 그냥 생선을 만진 엄마의 손을 씻은 거야, 그러니 생선국이다 생각하고 먹어라들…. 나중에 돈 생기면 엄마가 읍에 나가 진짜 생선을 사다 끓여 줄 테니, 알았지?"

"알았어 엄마, 엄마…."

춥고 배는 고파도 웃음꽃은 방 안 가득 피어나고….

추억의 엘레지

쩡쩡 언 달빛이
쓰레기 더미 위에 앉아
바들바들 신음하고 있는 것을

고양이가
사붓 사붓 다가가
상기 잃은 혓바닥으로 핥고 있다

세상은 살기 좋아
먹을 것은 지천으로 버려져
향기로운 내음 천지를 진동하건만

그 버려지는 것마저
먹을 수 없는 또 다른 아픔
아, 나는 아직도 배가 고프다…

꽃피는 봄날에… 여인의 꿈이여…

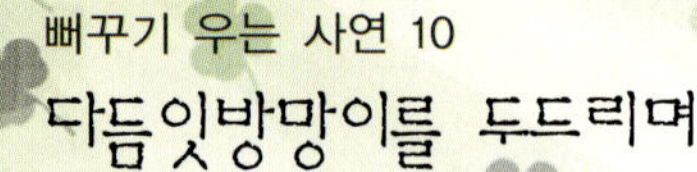

뻐꾸기 우는 사연 10

다듬잇방망이를 두드리며

동장군이 기승이다.

강물도 얼어 쩡쩡 죽음의 비명을 토해내는 그 가슴 위를 건너, 여인은 낫과 새끼줄을 둘둘 말아 들고 산으로 나무를 하러 간다. 양지쪽으로 다니며 버섯도 따고 어쩌다 운 좋으면 푸석한 곳에 칡뿌리도 캐면서….

그렇게 나무를 하여 강가까지 내려오면 겨울의 낮은 왜 그리도 빨리 숨어 버리는지 어둠이다. 쌓인 눈을 뭉쳐 마른입을 축이고, 허기를 면하며…, 나뭇단 밑 얼음 위에 둥근 막대기를 깔고 한아름 나무를 끌다 보면 미끄러져 넘어지기 일쑤고… 철철 흐르는 피는 차디찬 강바람에 씻기어 얼음을 벌겋게 물들이는 아픔이어도 여인의 위안은 언제나 스스로일 뿐이다.

"애기엄마, 있어?"

"아이고 이 추운 날 아주머니가 웬일이세유…."

"웬일은 뭐, 새끼들하고 굶나 먹나 해서 들려 봤지. 이거 아까 내가 먹을 것이 없어 강냉이를 맷돌에 두르르 탄 거여, 조금이지만 끼니에 보태라고…. 참 그리고 전에 그 서울 여인한테서는 연락이 있남?"

"웬 서울 여인은유…."

"있잖여, 전에 이 앞산 묘 시제 때 만난 여인…."

"아, 네. 그분여? 연락도 없지만 연락할 필요가 있나요 뭐…."

"왜 연락 한번 해보지…그 여인 말 들으면 괜찮을 것 같던데, 누가 알어? 서울 가면 좋은 남정네라도 만날지…."

"에그 아주머니, 그런 말 다시는 하지 마셔유, 전 벌써 다 잊은걸요…."

"잊기는, 아 글쎄 이렇게 고생하는 거보다야 백 번 낫지 뭐, 안 그래?"

"아니에유, 전 어떠한 어려움이 있어도 새끼들하고 같이 살거여유. 절대로 그렇게는 못 해유…."

"그래, 그럼 할 수 없지 뭐, 진사라도 저 싫으면 그만이니. 아 참 그건 그렇구, 그럼 읍에 나가 빨랫감을 모아다 빨래를 해볼겨? 나 아는 이가 일거리 없으면 그거라도 해보라고 그러는데, 읍도 먼 데다 춥기도 하고 나는 도저히 못할 것 같아. 애기엄마가 하려면 해봐, 이야기는 해줄 터이니…."

"그래유, 아주머니 그런 일이라면 얼마든지 할 수 있어요. 그러니 꼭 좀 말해 주세유, 부탁할게유…."

'그래, 이리 굶어 죽을 판에 무엇인들 못하랴….'

여인은 설한을 헤치고 80리쯤 되는 읍내를 돌며 빨랫감을 거두어 한아름 머리에 이고 자라목이 되어 돌아와 숨 돌릴 틈조차 없이 도끼를 들고 강가로 나간다. 도끼는 얼음을 깨기 위해서다.

얼마나 추운지 얼음이 두껍게 얼어 웬만한 돌로는 좀처럼 깨어지지가 않기 때문이다.

요즘은 영하 10 몇 도만 되어도 방송에서 강력한 한파라 하면 얼어 죽을 양 꼼짝도 않고 야단이지만, 그때의 추위는 거짓말 좀 보태서 소변을 보면 이내 얼어 버릴 정도였으니, 어림잡아 영하 30~40도는 되었으리라.

꽝! 꽝!

가까스로 얼음 구멍을 내어 빨래를 담그면 이내 쩍쩍 얼어붙어 버리고, 잘리어 나갈 듯한 맨손은 연신 겨드랑이로 입가로 가져가느라 분주를 떨어야 하는 통증.

아, 그것은 그 시대를 견디어 내야 하는 그 시대의 '여인' 우리 어머니들의 뼈를 갈아낼 정도의 아픔에 묶이었던가.

여인은 그렇게 빨래를 하여 바느질을 할 것은 하고 풀을 메겨 희미한 호야불 밑에서 다듬이질을 한다.

똑딱 똑딱! 또드락 딱!

밤은 깊어 새벽으로 치닫고, 달빛도 얼어 죽겠다고 한사코 영창을 비집고 방으로 들려 하는 무지무지한 혹한, 그 두껍고도 싸늘한 가슴팍을 낱낱이 뚫고 광야를 향해 질주하는 여인의 다듬잇방망이 소리…. 아, 그것은 '여인' 자신의 어제와 오늘의 한 많은 사연들을 훠이 훠이 뿌려내는 것이요, 청춘에 홀로인 애달픔을 울어 외는 것이리….

"아주머니, 빨래 해왔어유…."

"어머나, 풀까지 먹여 정갈하게도 빨아왔네, 고마워요."

여인은 그렇게 빨래를 해주고 돈 몇 푼을 받아 큰맘 먹고 사야 밀가루 3등품 밀기울 한 포다. 그래도 그것을 이고 휭 하니 동구밖 재를 넘으며 마음은 뿌듯하다. 며칠은 땟거리 걱정을 덜 수 있기 때문이다.

'다음엔 정말 생선을 사다 지져서 아이들에게 줘야지….'

앞이 보이지 않는 하루하루의 고달픈 삶이지만 그래도 여인은 새끼들과 함께 한다는 사실에 자신의 그 모든 아픔은 안중에도 없다.

다듬이질

똑딱똑딱, 또드락!
또드락, 똑딱, 또드락, 똑딱!

온몸이 천만 갈래 찢어지는
절규에 찬 삶의 언덕에 홀로 기대어
쏟아지는 눈물에게도 말할 수 없는 아픔을

동지섣달 긴긴 밤 호롱불에 태우며
안겨 오는 애달픔을 달랠 길 없어
세상이 깨어져라 다듬잇돌 두드리는 소리

아, 이제는
그 먼 옛날의 그리움으로
또드락 똑똑 하늘 가득 물결 잃어
때마다 찾아드는 뻐꾸기, 뻐꾸기 울음…

화분도, 난의 흩날림… 여인 자신의 마음이…

빼꾸기 우는 사연 11

두껍아 두껍아, 헌집 줄게 새집다오

그러한 여인의 파란 속에 자식들은 조금씩 성장하여 큰아이는 군대를, 둘째와 셋째는 양은공장의 솥 만드는 곳으로, 아직 어린 여식은 타월 만드는 공장으로 뿔뿔이 헤어진다.

헤어지면 안 된다고 끌어안았던 자식들은 그렇게들 떠나고, 어린 막내와 함께 남겨진 여인은 감당하기 힘겨운 아픔일지라도 농사를 지어야겠다고 마음먹는다.

첫닭이 울기도 전 여인은 괭이를 들고 매일을 둑 너머로 간다. 돌무지 벌판 돌을 고르고 억새풀을 뽑아 밭을 만들기 위해서다. 손발이 부르터 진물이 나고 몇 번이고 지쳐 쓰러지면서도….

어린 새끼는 아침에 잠깨어 엄마를 찾으면 부뚜막에 엄마 대신 밀기울 개떡 한 개 달랑 놓여 있고 엄마는 없다. 아이는 그 밀기울 개떡으로 배를 채우며 엄마를 찾아 늘 강가 벌판을 나돈다.

"너는 길쭉이, 너는 넙죽이…."

때로는 이름 모를 풀들과 갖가지 곤충들과도 이야기를 나누고, 때로는 강가 모래톱에 앉아 크고 작은 자신의 아름다운 꿈을 쌓기도 하면서….

'마실' 동네래야 오 리나 십 리 가야 다 쓰러져 가는 오두막 한두 채 있고, 사람 구경은 물론 같이 놀아줄 또래 아이들도 없기 때문이다.

❦ 모래성

두껍아 두껍아
헌집 줄게 새집다오

왼손 위에
오른손으로 모래를 덮어
탁탁탁 두드리며 쌓아올린 성

쌓으면 무너지고
쌓으면 또 무너지고

어느새 해님은
서산마루 앉았는데
두껍아 두껍아 너는 너는 그 언제

울 엄마 나와 함께
자장자장 소록소록 꿈을 이루는
예쁘고도 아담한 새집 지어 주려니…

하루도 어린 새끼는 돌길을 따라 엄마를 찾아가는데, 그 무엇 커다란 괴물이 두 눈을 번쩍이며 자신을 향해 달려오는 것이다. 죽으라고 도망을 가도 그는 막무가내로 따라오고… 다급한 나머지 풀숲으로 몸을 숨겨 빠끔히 내다보니 그 괴물은 그대로 지나쳐 버린다.

반 초죽음이 되어 엄마에게로 뛰어간 그는 엄마 품으로 왈칵 덤벼들며,

"엄마, 나 죽을 뻔했단 말이야 엉엉…."

"아니 왜, 무슨 일이 있었니?"

"응. 엄마… 엄마 찾아오는데 몸뚱이는 네모로 호랑이보다 이–만–큼 더 크고 눈은 쟁반같이 둥근 것이 빛을 내며 내가 도망을 가도 마구 쫓아오는 거야, 할 수 없이 풀숲에 숨었지 뭐야, 그랬더니 나를 못 봤는지 그냥 가더라고…."

"어이구 그랬었구나, 내 새끼 하마터면 정말 큰일 날 뻔했네, 쯧쯧!"

여인은 자신의 가슴에 안겨 우는 새끼의 등을 다독이며 비시시 웃는다.

"미안 미안, 엄마가 미처 그것에 대하여 말해 주지 않았구나. 그것은 괴물이 아니라 물건을 실어 나르기 위하여 사람이 만든 화물자동차 '트럭'이라고, 사람이 움직이는 것이란다. 그러니 앞으로는 또 보더라도 절대 놀라지 마라, 알았지?"

자동차, 자동차… 전쟁이 휴전되고 얼마 지나지 않은 그 시절, 바깥세상에선 한창 삶과 죽음과 사상과 이념의 갈등으로 최고조의 격변이었다. 하지만 어린 새끼는 그때 처음 자동차라는 것을 대했고 그것이 괴물인 줄만 알았으니 도심에서도 무척이나 떨어진 두메산골이었으리. 아무튼 그 일로 어린 새끼는 며칠 동안 끙끙 앓았고, 문밖을 잘 나오지 않았다.

또 그 하루도 여인은 아이에게 일찍 돌아올 테니 집에서 잘 놀고 있으라고 당부를 하고 들로 나간다. 종일을 여느 때와 같이 괭이질하고 풀을 뽑고 돌을 고르다 보니 어느덧 해는 지고, 배는 등에 붙는다.

여인은 풀밭에 털썩 주저앉아 검푸른 강물 위에 출렁이며 지워져 가는 노을을 물끄러미 바라보다 '이렇게 살면 무얼 하나…' 하는 생각에 삶을 포기하려고 강물로 든다.

한 발 한 발 물은 점점 배꼽 위로 차오르고…

순간, "엄마! 엄마!"

어둠을 가르고 강 건너에서 들려오는 산 메아리가 여인의 귀에 와 꽂힌다. 어린 새끼가 엄마를 기다리다 아니 오니 강가를 헤매며 목이 터져라 울부짖는 것이다.

여인은 흠칫 '제 아비 얼굴도 모르고 세상에 떨어진 불쌍한 어린것을 두고 내가 간다면… 큰놈들은 컸으니 다행이지만 저는 누가 키우며, 가서는 무슨 낯으로 조상님들을 대한단 말인가' 하는 생각에 다시 물 밖으로 나와 흐르는 눈물을 닦고 아니한 척,

"그래, 나 여기 있다. 엄마 여기 있어! 이리 온…."

"엄마! 어디야 어디…."

어린 새끼는 어둠을 가르고 뛰어오며…

"그런데 왜 불러도 대답이 없는 거야? 엄마는 하루 종일 내가 보고 싶지도 않았어?"

"으응, 세수하느라 못 들었지… 안 보고 싶긴 왜 안 보고 싶어, 엄마도 무척 보고 싶었지…."

"정말? 거짓말이지…."

"아니 정말이야, 어여 집에 가자, 배 많이 고프지?"

엄마는 새끼의 볼을 어루만지며 둘은 나란히 어둠 속을 걸어 나와 부랴부랴 나물죽 한 양재기로 배를 채우고 잠자리에 눕는다.

그런데 어린 새끼는 이상한 예감에 자꾸 눈물이 흐른다.

'엄마 없으면 어떻게 살지….'

이불을 푹 뒤집어쓰고 모로 누워 흐느끼는데 여인은 그 소리를 들었는지 이불을 살짝 젖힌다.

"왜 울어, 응? 어디가 아프니?"

"엄마, 나 엄마 없으면 누구하고 살지 응? 누구하고 사냐고!"

"뭐라고? 왜 엄마가 없어… 걱정하지 마, 엄마가 이리도 이쁜 내 새끼를 두고 어디로 갈까 봐서?"

고슴도치도 제 새끼는 예쁜가…

"정말? 정말이지 엄마. 가기만 해봐라 가만있나. 자, 손가락 걸어 안 간다고…."

"그래. 자, 됐지. 자거라 이제…."

어린 새끼가 감았던 눈을 뜨니 엄마는 없다.

'어, 벌써 밭 만들러 갔네….'

그렇게 젊은 여인 혼자 들판의 억센 풀들과 씨름하는 모습을 지켜보던 윗마을 노인이 딱했는지 키우던 소 한 마리를 끌고 와서 밭을 갈아준다. 본래는 소 두 마리로 밭을 갈아야 하는데, 돈이 없거나 밭이 작거나 소가 한 마리밖에 없을 때는 그리하곤 한다.

후일 그 막내가 성장하여 들은 바에 의하면, 여인이 쓴 글 몇 편에도 나오지만 삶이 너무 벅찬 나머지 여인은 순간순간, 아니 몇 번이고 목숨을 저버리려 했다고 한다.

가을비를 맞으며

때 아닌 비가
참았던 눈물처럼 억수로 쏟아진다
아무 준비 없이 집을 나선 나는
둘러봐도 비 피할 곳 없어
온몸을 적시며 걸을 수밖에

그러나 지금 이 순간
누군가 우산을 받쳐 주거나
의지할 곳 있어 비를 피할 수 있다면
내 영혼을 비쳐주는 푸른 한솔의 불은 꺼지고 말겠지

때 아닌 비처럼
때 아닌 현실은 언제나 나를
그토록 슬프고도 아프게 만들지만
그로 인해 빗물처럼 풀어질 수밖에 없다면
삶이란 너무도 의미가 없어 아무런 가치가 없겠지…

여인 자신이 나물을 뜯으며 헤맨 곳을 연상한 것일까…

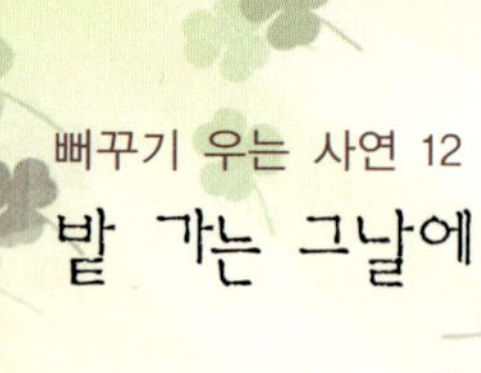

뻐꾸기 우는 사연 12

밭 가는 그날에

밭을 가는 날입니다.

농부가 극젱이를 땅에 꽂고 이랴 소의 엉덩이를 회초리로 툭 툭 건드리니 소는 앞으로 나가고 잠자던 풀뿌리며 돌멩이들은 깜짝 놀라 벌떡벌떡 일어났다 옆으로 풀썩풀썩 나자빠집니다.

여인과 아이는 그 뒤를 따르며 그것들을 추려서 밖으로 부지런히 내치곤 하는데, 갑자기 소가 걸음을 멈추어 섭니다.

주위엔 하늘 높이 날아올라 그토록 아름답게 봄을 노래하던 종달새 두 마리도 덩달아 울음을 멈추고 날아 내리더니 우리들에게 덤벼들 듯 이리저리 휙휙 날며 짹짹거립니다.

농부는 이놈의 소가 조금 전 밥 실컷 먹고 벌써부터 일을 안 하려고 꾀를 부린다며 회초리로 소의 엉덩이를 사정없이 내려치며 이랴이랴 합니다. 그러나 소는 아무리 농부가 때리고 소리를 쳐도 꼼짝도 않습니다.

화가 머리끝까지 난 농부는 이번엔 지게를 받쳐놓은 작대기를 번쩍 들어 소의 엉덩이뼈가 으스러져라 후려치며 고함을 지릅니다. 그러나 그렇게 맞으면서도 소는 돌처럼 굳어 움직이질

않습니다.

아이는 어린 마음에도 이상하다 싶어 소 앞으로 다가가 보니 소는 아픔을 참느라 그런지 왕방울 두 눈에 눈물을 글썽이는 것 같았습니다. 그런데 놀란 것은 좀 더 가까이 가 보니 소의 발 바로 앞에 새둥우리가 있는데, 그 안엔 하나, 둘, 셋, 넷… 재롱 도토리 알만 한 새 새끼가 있는 것입니다. 아직 털도 안 나고 눈도 뜨지 않아 발그레한 것들이 귀는 열렸는지, 기척 소리가 나면 먹이를 달라고 들깨꽃보다 작은 부리를 벌리곤 합니다.

소는 그들을 보았는지 아니면 촉감으로 느꼈는지 그렇게 모진 매를 맞으면서도 멈추어 섰던 것 같았습니다. 아이는 "할아버지, 잠깐만요!" 얼른 새둥우리를 들어다 다른 숲에 옮겨놓으니, 그제야 소는 발길을 떼어놓는 것입니다.

순간 그렇게 짹짹거리며 야단이던 새 두 마리의 울음도 무척이나 순해진 것 같았습니다. 그러나 새들은 우리가 또 무엇을 어떻게 하나 싶어서인지 옮겨 놓은 둥우리 주위를 호락호락 날며 경계를 하는 듯합니다. 아마도 그 새끼들의 엄마 아빠였던 것 같습니다.

아이는 성장하여 현실을 걸어가다 생각 없이 풀잎 하나 뜯고 벌레 한 마리 잡으려다, 그 어린 시절 농부의 매질과 왕방울 눈에 눈물을 흘리던 소와 짹짹거리던 어미 새 두 마리의 모습을 그려보곤 한다.

생명의 소중함

어젯밤까지도
갓 태어난 파리의 새끼들이
날개를 바들바들 털며
기쁜 듯 날고 있더니
아침에 잠 깨어 화장실을 가니
웬일인가 모두 죽고 몇 마리 없다

"여보, 화장실에 그 많던 파리가
모두 죽어 버렸어!"
"내가 약을 뿌렸어요!"
허허, 연고 없는 살생을 자행했군
그 죄를 또 어찌하리…

구사일생으로 살아난
파리 새끼들을 문밖으로 날려 보내는데
얼굴을 잔뜩 찡그리고 있던 하늘이
그들의 죽음을 애도하듯
구슬 같은 눈물을 후드둑 후드둑 떨구더니
이내 해맑은 미소 한아름을 빚어낸다.

흩날리는 마음에도 꽃은 피고…

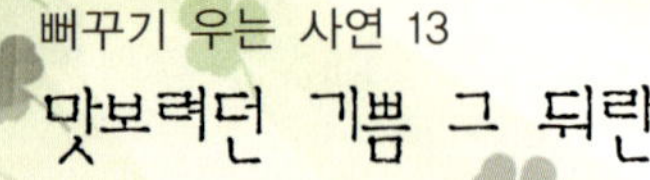

빼꾸기 우는 사연 13

맛보려던 기쁨 그 뒤란

여인은 그렇게 수 날에 걸쳐 어렵사리 자신의 피와 땀으로 만든 밭에 콩이며, 팥이며, 갖가지 곡식을 심는다. 그리고 머지않아 가을이 오면 곡식들을 거두어 끼니 걱정은 없을 거라는 안도감에 마음이 뿌듯하다.

조밭을 맨다. 여인은 저편에서, 어린 자식은 이편에서 서로 마주 보고 풀을 뽑으며 다가가는데….

“아니, 이럴 수가….”

“엄마 왜? 뭐가 잘못 됐어?”

여인은 새끼를 바라보며

“네가 지금 풀이라고 뽑은 것은 조야. 그리고 조라고 안 뽑은 것은 풀이고….”

“아고, 그럼 이걸 어쩌지 엄마….”

“할 수 없지 뭐, 날이 가물어 살지 안 살지는 몰라도 도로 심어 보자꾸나. 그리고 잘 기억해 둬라, 조는 대궁이 발그레하고 풀은 대궁이 푸르무레하단다.”

여인은 새끼에게 조와 풀을 나란히 놓고 보여준다.

어린 자식은 그러함을 가만히 바라보다 심어놓은 조가 이내 고개를 폭폭 숙이고 시들어 가는 모습에 자신의 잘못도 있고, 또 죽으면 어떡하나 해서인지 뿌르르 강가로 뛰어가 연실 박으로 만든 바가지에 물을 떠다 주곤 한다.

'살아야 할 텐데… 꼬옥 살아야 할 터인데….'

그러한 새끼의 모습을 물끄러미 바라보던 여인은,

"에고 내 새끼… 어디서 그런 생각을 했어. 그래, 죽을 때 죽더라도 열심을 다해야지…."

그해 여름 찌는 더위는 세상을 삶을 듯 기승이지만 여인과 어린 자식은 그런저런 속삭임으로 계절은 바뀌어 가을이다. 여인은 한껏 부풀은 마음으로 그동안 애써 가꾸어 온 곡식들을 막 거두려는데, 아니 이건 또 웬 청청벽력인가. 억수비는 쏟아지고 때 아닌 장마는 둑을 무너트리며 곡식들은 물론, 둥우리까지 송두리째 앗아간다.

아, 이럴 수가… 절망의 나날에 한 가닥 반짝임이었던 여인의 희망은 다시 또 산산조각이다.

둥우리도 잃고, 곡식과 밭도 흔적이 없다.

여인은 뭐라 말할 수 없는 실의로 털썩 주저앉아 땅을 치는데… 다행히 나라에서 하천이라도 힘들게 개간하여 씨를 뿌렸으니 그 비용을 조금이나마 보상하여 준다는 연락을 받는다. 휑하니 읍사무소로 발길을 하니 읍 직원이 말하길,

"벌써 윗마을 누구누구가 와 찾아갔는데요…."

10여 리쯤 떨어진 곳에 사는 남정네들이다.

"아니, 그 밭은 내가 만들었고 씨도 내가 뿌려 가꾼 것을 세상이 다 아는데 무슨 소리냐"고 하자, 읍 직원은 서류를 보이며

"여기 보세요, ○○○ ○○○ 이름이죠…."

여인은 그저 밭을 만들어 씨를 뿌리는 데에만 급급했지 자신의 명의로 해놓아야 한다는 것을 알지도, 생각지도 못했던 것이다.

그러한 것을 먼발치에서 지켜보던 머리가 좀 돌아가는 남정네들이 슬쩍 한 것이다.

여인은 너무도 어처구니가 없어 당장 그 남정네들을 찾아가 따지고 싶지만 그러다 또 다른 화를 당하거나 법으로 무엇을 어떻게 할 수도, 할 줄도 모르니 그저 멍하니 하늘만 응시하다 단념할 수밖에….

'그래, 젊은 여자 혼자 어린것들하고 살아가니 무시하고 그러는 거겠지. 이다음에 보자, 우리 자식들이 크거든….'

여인은 더 이상 그러한 곳에서 살아야 할 보람이 없다는 생각에 어린 자식을 앞세워 다른 곳으로 이사를 한다.

청솔은 푸른데 저도 쓸쓸하기 그지없구나. 여인 자신도…

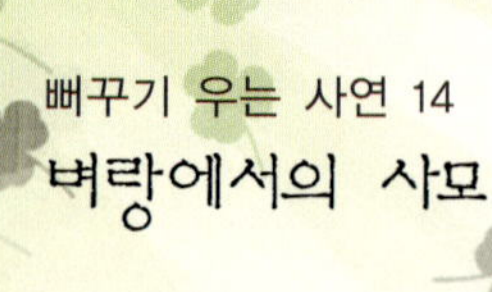

빼꾸기 우는 사연 14

벼랑에서의 사모

이사를 하고… 봄이라고 하기엔 아직 일러 응달엔 눈이 하얗지만 여인은 생계를 위하여 또 산야를 더듬는다. 땔감으로 솔가리를 긁어모으고 양지쪽을 돌며 나물을 찾다 입이 마르다.

산골짝으로 드니 흐르는 물이 바위 머리마다 하얗게 모자를 씌우고 졸졸거린다. 여인은 두 손을 모아 고인 물을 떠 목을 축이고 기웃기웃 작은 돌을 젖힌다.

'아, 여기 있다. 그런데 새끼들이네….'

가재 몇 마리를 잡았다 다시 놓아주며,

'애들은 잘 있나. 큰놈은 군대생활 잘하고, 다들 잘 있다 돌아와야 할 텐데….'

가재 새끼들이 앙증맞게 엉금엉금 기어가 돌짬 사이로 드는 모습을 물끄러미 바라보며 허한 마음을 달래는데….

"엄마, 거기서 뭐해? 뭐가 있어?"

"아이고, 이놈의 자식. 깜짝 놀랬잖아…."

"놀래긴 뭔데 엄마…."

"그래, 가재 몇 마리 잡았다가 그냥 놓아줬다."

"왜? 가져가야 내가 구워 먹지."

"아직 너같이 어려서 안 돼…."

그렇게 여인과 어린 자식은 언제나 함께하는 시간이었고, 또 하나의 동행이 있었다면, 이사 간 옆집에 사는 자기 또래의 여자아이다.

사람도 잘 못 만나고 친구도 없이 혼자 지내던 여인의 어린 자식은 친구가 생겼다는 사실에 너무도 좋았다.

"애야, 반갑다. 그런데 다리를 다쳤니? 왜 절름거리니…."

"응, 어려서 소아마비를 앓았어."

"그랬구나."

"애야 그동안은 무척 쓸쓸했는데, 그래서 엄마 아빠 생각도 많았는데 이제 너와 함께 할 수 있으니 너무너무 좋다…."

또래 여자아이의 말이다.

여인의 자식은,

"그건 나도 마찬가지야. 그런데 엄마 아빠 생각이라니, 그건 또 무슨 말이고 지금 있는 사람은 누군데?"

"아, 미처 이야기를 못했구나. 사실은 나 고아야. 아빠는 피난길에 돌아가시고 엄마와 둘이 지금 사는 집에 방을 얻어 살다가 엄마마저 이름 모를 병으로 시름시름 앓다 작년에 돌아가셨어. 그래서 오갈 때 없는 나를 여기 아줌마 아저씨가 함께 있자고 한 거야…."

여자아이는 그늘 없는 표정으로 자신의 처지를 솔직하게 털어놓는다.

"응, 그랬었구나…."

여인의 자식은 어린 마음에도 그 아이가 몸도 성하지 않은데다, 자신은 엄마라도 있는데 그렇지도 못한 고아라는 생각에 언제나 함께하며 정다움을 더한다.

"얘, 이거 먹어. 오늘 아침에 우리 엄마가 만든 거야."

여인의 자식은 보리개떡 한 개를 쪼개어 반을 준다.

"너 먹지, 너도 모자랄 텐데…."

"아니야, 나누어 먹어야지, 얼른 먹어."

"그래, 고마워."

또래 아이는 받아든 보리개떡 반 개를 가지고 휑하니 어디론가 간다.

"얘, 어디 가니?"

"응, 우리 엄마 산소에…."

"너희 엄마 산소가 가깝니? 그런데 거긴 왜?"

"이거 우리 엄마 먼저 주고 내가 먹으려고… 가만히 생각해보면 우리 엄마 배가 고파 죽었는지도 몰라. 멀 떡국이라도 먹을 것이면 나를 주고 굶다시피 하여 몸이 뚱뚱 부었었거든…."

"응, 그런 일이 있었구나…."

그랬다. 그 여자아이는 먹을 것이 생기면 무엇이든 먼저 자신의 엄마 묘소를 찾아가 "엄마 배고프지…. 이거 얻은 것인데 엄마 먼저 먹어" 하곤 자신의 입에 넣었다.

여인의 자식은 어린 마음에도 그러한 그 여자아이의 모습이 측은하기도 하였지만 너무도 아름다워 언제나 먹을 것이 생기면 먼저 그 아이에게로 달려가곤 한다.

그해 봄 둘은 나란히 60~70리가 넘는 초등학교에 입학을 하고, 같은 반 짝꿍이 되어 등하교를 함께하며 배가 고프면 진달래꽃과 아카시아꽃을 따서 배를 채우면서도 재미난 나날이다. 어쩌다 여인의 자식이 학교에서 돌아오다 산이나 냇가에서 좀 놀다 가자고 하면 그 아이는 "아니야, 나 빨리 가야 해…" 하며 다리를 절름거리며 휑하니 집으로 향하곤 한다.

나물을 뜯기 위해서다. 그 아이는 책보를 내려놓자마자 종다래끼를 옆구리에 차고 산야로 나간다. 후일 '여인'의 자식이 생각해 보니 아마도 그 아이는 자신이 아줌마 아저씨네에 얹혀살고 있다는 사실에 눈칫밥을 안 먹으려면 무엇이라도 해야겠다는 생각에서 그랬던 것 같다.

그러던 어느 날, 그 아이는 산에서 발을 헛디뎌 구르며 다리도 아픈데, 엎친 데 덮친다고 또 몸을 다친다. 외진 시골이라 병원도 없고, 아니 있다 해도 갈 수 있는 처지도 못 되니, 동네 조그마한 침을 놓는 곳이라 할까, 뭐 그런 곳에서 가까스로 대강의 치료를 받는다. 그러나 그 아이는 그로 인해 눈과 귀에 약간의 장애를 입었지만, 학교는 다닐 수가 없게 된다.

요즘같이 의학이 발달되었거나 살기 좋은 세상이면 나라에서나 이웃에서도 도와주어 고칠 수도 있으련만, 그때의 상황은 그러하지 못했을뿐더러, 더욱이 부모 형제 일가친척도 없는 고아이니 그 누가 자상하게 돌보아 줄 이 있으리….

그렇다고 근근이 삶을 이어가는 아줌마 아저씨가 어찌 해줄 수도 없는 일이고, 예나 지금이나 힘없고 가난하면 어쩔 수가 없겠지… 앞으로는 살기 좋은 세상이라 할지라도 더욱 그러할 것도 같고….

"엄마, 우리가 저 아이 어떻게 좀 도와줄 수 없을까?"

"딱하기는 하지만 우리가 뭘 어이 도와주니, 에이 불쌍한 것…."

"…허긴 그래."

여인의 자식은 그때부터 그 아이와 함께 나물을 뜯거나 학교를 다닐 수 없다는 안타까움과, 그 아이의 애처로운 모습과 고운 마음을 자신의 작은 가슴에 고이 접어 간직하였다가 후일 성장하여 글을 쓴다. 그 어린 시절, 잠시였지만 그 또래 여자아이와 고드름을 따먹고 눈을 담아다 당원을 타 얼음과자를 만들어 먹으며 아기자기했던 여러의 동심을 그리며, 이러할 수 있다면 얼마나 좋을까 하는 상상의 나래를 펼쳐서….

※ 후일 그 여인의 자식이 그린 '우정이 낳은 요술공책'이란 글을 뒤편에서 엿본다.

꽃이 피는 것처럼 여인 스스로도 아름답고 싶음이리…

뻐꾸기 우는 사연 15

어둠의 절벽에 꽃이 피는가 싶더니

그러한 여인의 아픔 속에 자식들은 하나둘 돌아오고… 둘째와 셋째 자식이 전자 기술을 배워 와 땅속에 묻힌 고철을 찾아내는 탐지기를 만들기 시작한다. 일거리가 없던 그때는 고물을 주워 모으는 것이 돈을 만져보는 유일한 길이었던 터라 너도 나도 탐지기를 만들어 달라고 찾아든다. 밤을 지새워 만들어도 일은 밀리고… 식구들은 피곤해도 시퍼런 지폐가 쌓여가니 한마디로 가화만사성, 여인에겐 그보다 더 큰 기쁨이 어디에 있으리….

막냇자식이,

"엄마, 부엌 바닥은 왜 파는 거야?"

"항아리를 묻으려고…."

"왜 김치를 거기에 하려고?"

"까르르~ 김치를 부엌 바닥에 하는 것 봤니? 돈을 담아놓으려는 거야 돈, 도둑이라도 들면 어쩌니…."

여인은 벙글거리며 모이는 돈을 어찌 할 수 없으니 부엌 바닥을 파 항아리를 묻고 넣으며 땔나무로 가리곤 한다.

아마도 그때가 여인에겐 생애 가장 즐겁고 행복한 순간이 아니었을까. 돈이 있으니 여식도 시집을 가고 자식들도 장가를 가서 살림을 내고….

"엄마, 엄마는 안 가?"

"어디를…."

"시집 말이야, 누나도 형들도 다 갔는데…."

"어이구, 이놈의 자식이 별소릴 다 하네…."

"뭐, 엄마 돈 많잖아…."

"시끄러워! 어린것이 그런 소리 하는 게 아니여. 그리고 너 엄마 없으면 좋겠니? 전에는 엄마 없으면 못 산다고 울었잖아…."

"아냐, 아냐, 안 그럴게 엄마. 꼭 나하고 같이 있어야 해…."

그렇게 여유가 생기니 여인은 막냇자식과 농도 해가며, 한동안 큰자식 내외와 웃음꽃이 활짝 핀다.

그러나 그러한 행복의 시간도 잠시, 불시의 화폐교환으로 항아리에 가득했던 돈은 하루아침에 휴지 조각이 되어 버리고, 엎친 데 덮친다고 장마까지 밀려들어 둥우리마저 무너진다.

여인은 다시 둥우리를 세우며 가시밭길로 들어선다.

꽃은 피어도 여인 자신의 마음은 아직 봄이 아니어라…

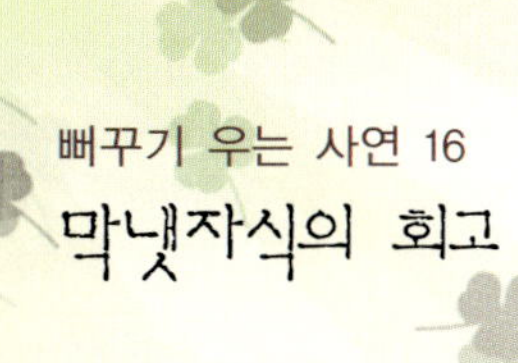

뻐꾸기 우는 사연 16

막냇자식의 회고

당시 여인의 막냇자식은 후일 기억을 더듬으며, 어머니는 왜 그때 많은 돈을 은행에 맡기거나 땅이라도 사놓지 않았을까? 속담에 도깨비가 돈을 주면 땅을 사놓으라고 했는데, 혹시 도깨비가 갖다 준 돈이었는지도 모를 일인데 땅은 못 사놓았어도 저금만 해놓았어도 그렇게까지 알량한 거지 신세는 면했을 터인데 하며 아쉬움을 토로한다.

하여 자신은 학교에서 돌아와 밥이라고 한술 입에 떠 넣으면 이내 엄마의 옛 시절처럼 낫과 새끼줄을 둘둘 감아 들고 땔나무를 하러 때로는 엄마와 함께, 때로는 혼자서 산으로 간다.

가을걷이가 끝난 논에는 동네아이들이 삼삼오오 모여 즐겁게 뛰어노는데… 자신은 그러하지 못하니 어린 마음에도 그들이 부러웠고, 자신의 그러한 처지가 무척이나 창피하여 아예 그들을 피해 멀리 돌아다니거나 아니면 밤이 되어 나무를 등에 업고 산에서 내려오곤 한다.

어느 날이다. 엄마와 함께 한참 나무를 해놓고 잠시 쉬며 허기진 배를 채우려고 가지고 간 건빵 한 봉을 뜯어 엄마 입에,

내 입에 집어넣는데, 바람이 불며 엄마의 머리에 씌었던 수건이 훌쩍 벗겨진다.

“아이고, 이런….”

여인은 질색을 하며 수건을 주워 쓰려는 순간, 바라보니 엄마의 머리엔 머리칼이 없다.

“엄마, 왜 그래 응? 어찌된 일이야…”

여인은 당황한 기색으로, 그러나 어찌할 수 없다는 단념으로 미소 아닌 미소를 지으며….

“네가 며칠 전 수학여행을 간다고 하는데 돈은 없고 할 수 없이 머리를 잘라 팔았지….”

“뭐라고? 엄마! 나 수학여행 안 가도 된다고 그랬잖아….”

“그랬지, 그런데 가만히 생각해 보니 안 그러면 네 마음도 그렇고 두고두고 엄마 마음이 아플 것 같아서….”

“그래도 그렇지, 누가 머리까지 깎아 팔래….”

여인의 자식은 지금도 그때의 그림을 그리며 살아생전 어머니의 머리칼을 가슴 깊이 접어 간직하고, 누구든 엄마란 두 글자가 다 닳아 없어질 때까지 그토록 사랑하라며 스스로의 흔들리는 마음을 세우곤 한다.

“엄마, 형들도 알아? 엄마 머리 그런 거….”

“모르지, 엄마가 말을 안 해서.”

"왜?"

"그야 뭐… 아무튼 형들에겐 절대 말하지 마라…."

"왜 엄마…."

"그냥, 엄마가 시키는 대로만 해…."

그랬다. 어느 날 학교에선 수학여행을 간다고 갈 사람은 손을 들어보라고 한다. 아이들은 좋아라 손을 버쩍버쩍 드는데 자신은 분명 가난하여 갈 수가 없다는 생각에 아예 포기를 한다.

풀이 푹 죽어 집으로 돌아와 침침한 방에 우두커니 쭈그리고 있는데, 밖에서 돌아온 엄마가 묻는다.

"왜, 무슨 일이 있었니?"

"아니, 아무 일도 없어 엄마…."

"아무 일이 없긴, 다 알아. 이 엄마는 너의 얼굴만 쳐다봐도. 어여 말해 봐, 무슨 일인데…."

"사실은 학교에서 내일 모레 수학여행을 간다는데, 나는 못 갈 것 같아 안 간다고 그랬어…."

"뭐, 뭐라고? 왜?"

엄마는 머리를 보듬으며,

"걱정하지 마라, 어떡하든 엄마가 꼭 보내줄 테니…."

수학여행을 가기 전날 밤이다.

'정말 엄마가 내일 보내줄까? 돈이 없을 텐데….'

잠자리에 누워도 잠이 안 와 부스스 눈을 비비며 윗목을 바라보니 엄마는 무엇인가를 만들고 있다.

후일 안 사실이지만 여인은 머리를 잘라 팔아도 아이의 싸구려 옷 한 벌을 살 수가 없으니, 이웃 튀김집에 가서 일을 도와주고 얻어온 밀가루 포대를 뜯어 물감을 들여 바지를 만들고 있었던 것이다.

아침이다.

엄마는 예쁘게 다린 검은 바지와 파란 체크무늬 반팔 난방을 입혀주며 백 원짜리 동전 여덟 개를 자신의 손에 꼬옥 쥐어주면서 잘 다녀오라고 한다. 그것이 곧 '여인' 자신의 머리를 잘라 팔아 자식의 윗옷을 사고 난 전부였고, 엄마란 전부의 마음이었던 것 같다.

그런데 왜 그때 어머니는 머리가 다 자라도록 수건 한 번 벗지 못하는 괴로운 고통을 참아가면서, 다른 자식들에게 말하지 말라고 당부를 하였으며, 자신은 왜 또 형들에게 그러한 사실을 말하지 못하였을까.

그것은 말하여 봤자, 그까짓 것 뭐 안 보내면 그만이지 무슨 대수로운 일이라고 머리까지 잘라 파냐고 이 자식 저 자식에게 핀잔을 듣거나 형들에게 꾸중이나 얻어맞을 것이 뻔한 사실이었기 때문이었을까….

그렇다. 자식은 내리사랑이라고 어머니는 아버지 얼굴도 모르고 세상 밖에 떨어진 막냇자식이 가여웠는지 언제나 큰자식들이 뭐라고 하면 자신의 편을 많이 들어주었다.

형제간에도 질투가 있는지 나이 차이가 10년이 훨씬 넘게 나면서도 큰자식들은 그러한 어머니가 못마땅하였는지, "어머닌 맨날 저 자식 편만 드느냐"며 욱하면 말보다 손이 먼저 올라왔고, 농담이라 하지만 다리 밑에서 주워왔다고 놀리곤 했었던 것 같다.

그렇게 매를 맞는 것은 누나도 마찬가지였다. 그것은 아마도 딸이 하나인지라 아버지는 임종을 하면서도 그 딸을 가슴에 안고 양념이라 할 정도로 사랑하였다고 한다. 그러한 이유에서 오빠들은 자신들이 받지 못한 사랑의 질투, 그 '보상 심리'가 매질이었지 않나 생각된다.

또한 걸핏 자신이 형들에게 매를 맞으면 그 누나란 여인은 동생을 보호한다고 말리다가 더욱더 오빠들에게 매를 맞곤 하였다.

여인의 청춘이 가는가 달도 어둡구나…

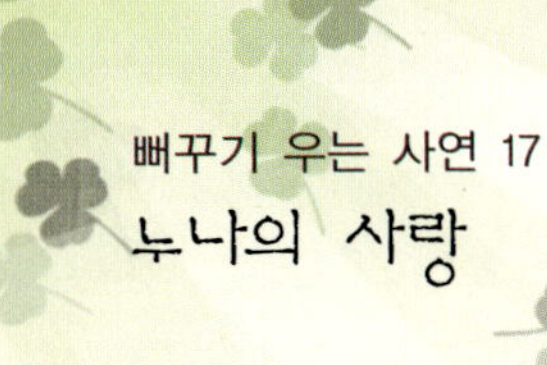

빠꾸기 우는 사연 17

누나의 사랑

여기서 잠깐 그 누나란 여인의 아픈 사연과, 동생인 자신과의 눈물겨운 이별의 일화를 펼쳐본다.

앞에서 누나가 출가를 하였다 하나 실은 쫓겨나다시피, 아니 쫓겨났다. 당시는 남녀가 유별하여 지금의 '연애', 남녀가 몰래 만나는 것… 그런 행위는 절대 금물이었다. 그럼에도 어찌하여 그 누나란 여인은 당시 군인이었던 지금의 남편을 만난 것이다.

그것이 오빠들에게 발각되어 머리채를 잡힌 채 방 구석구석을 끌려다니며 죽다시피 두들겨 맞았고… 내동댕이쳐지듯 이웃도 몰래 어둠의 동구 밖 저 멀리 떠나게 된 것이다.

그 후 결혼식을 올린다고 연락은 왔지만 누구 하나 반겨 가지 않았고, 그 바로 위 오빠가 다녀가 라디오라는 소리통 하나를 만들어 주었다 한다.

남의 집 식구가 되어 가게 되니 방년 18세 발끝까지 치렁치렁 길렀던 댕기머리를 잘라야 했고, 그것을 판 몇 푼의 돈으로 동생인 자신이 평소 그처럼 신고파 하던 검은 운동화 한 켤레를 사다 주고, 발 얼면 안 된다고 늘 따듯하게 하라면서 뜨개질로 덧버선을 만들어 꺼칠한 자신의 맨둥 발에 신겨 주었다.

그것이 그 어린 시절 누나와 동생이란 애련의 잊을 수 없는 피의 정이었다.

정다운 선물

그토록 추운 날에
어이 내 발이 시린지를 아는지
도톰한 양말을 전해 주는 한 송이 꽃

오늘도 나는
그 꽃의 아름다운 마음을
가슴 깊이 꽂아 간직하고 길을 나선다

낮에는 솔잎 하나 햇살에 정 하나 꽂고
밤에는 별 하나 눈빛에 사랑을 담아
또 하루란 너울 속에 찰랑이는 기쁨이여

우리 누나 시집갈 때
뜨개질로 만들어 준 덧버선이
눈썹 끝에 매달려 그네를 뛰는
'고마워 고마워, 너무너무 좋은 걸' 말하고 싶은
아, 나는 열여섯 수줍은 울렁임의 소녀라네

물론 그러한 매질이 이유 없음은 아니겠지….

크던 작던 잘못이 있었으니 잘되라고 때렸을 것이나, 그 어린 나이에 무엇을 그리도 많이 잘못을 하였을까. 잠깐잠깐 생각을 더듬다 보면 이래서 맞고 저래서 맞고 구구절절 매 맞은 기억뿐이다.

그때마다 자신은 아무도 없는 길모퉁이나 강가 돌무덤에 쭈그리고 앉아 파란 하늘을 바라보며 눈물을 훔치곤 하였다며….

어린 시절의 지나친 억압이나 환경의 지배는 후일 성장하여 삶을 영위함에도 많은 영향이 있다는 사실을 그는 걸어가며 깨닫는다.

그렇다고 오늘과 같이 매는 폭력이니 절대로 때려서는 아니 된다는 것은 아니다. 그것은 때로 감정이 아닌 사랑의 매는 살짝살짝 곁들여야 어느 한 통제와 잘못의 인식이 심겨지지 않을까… 하는 생각에서다.

그러면서 그래도 생각해 보면 그렇게나 두렵고 무서운 매가 있었기에 나사가 후룩 풀려 스스로가 해이해지지 않았나 하는 생각에, 이제는 그 아픔의 매까지도 그처럼 사랑해야 한다는 마음으로 미소한줌 꺼내어 너털웃음 짓는다. 그렇듯 엄마와 누나란 여인 말고는 그 누구에게도 칭찬 한마디 들어보지 못하고 자란 자신은 지금도 빵보다는 따뜻한 격려의 말 한마디가 더욱 배가 고프다며….

형이 아닌 '아버지'라면 그렇게도 모질 수 있었을까 하는 생각에 가끔은 사무치는 그리움과 의지할 곳 없는 외로움에 얼굴도 모르는 아버지 묘소를 찾는다.

누나란 여인 역시 노을빛 붉게 물들어 가며 몸이 찌뿌둥하게 아프면 어린 시절로 돌아가… 오빠들이 집으로 들어오면서 "밥 해놨니?" 하여 미처 밥이 안 되었으면 손이 먼저 올라왔다며, 왜 그랬는지 도무지 이해할 수는 없지만 그래도 그러한 오빠들이 있었기에 추억은 아름답지 않았냐며 그저 웃음뿐이다.

성묘

나는
아버지 얼굴도 모르는 유복자

아버지 세상에 계실 때
나 저 세상에 있었고
나 세상에 나왔을 때
아버지 저 세상으로 떠나가셨다

소주 한 잔, 마른 북어포 한 마리
덜렁
청명한 하늘에 얹어놓고 절을 한다

구름 한 점 없는 하늘 아래서
혼자 따라 마시는 소주가 뜨겁다

꽃, 꽃, 꽃… 난, 난, 난.
정말 꽃이 좋아 그처럼 여인은 꽃 그림을 수놓았을까…

빼꾸기 우는 사연 18

이건 또 웬 청천병력

그 많은 사유 속에 오래일 줄 알았던 부의 행복은 순간의 꿈이었다. 집안은 또 엉망이 되어 여인은 여인대로 큰자식은 자식대로 허드렛일을 하고, 고물을 캐고… 과거가 현실인 와중에 그래도 밥은 먹고 살 만하다.

"어머니, 고기를 잡아 올게요…."

"웬 고기는…."

"아까 아는 이를 만나 '깡' 뇌관을 얻었어요, 이걸 터트려 고기를 잡아다 오랜만에 식구들 몸보신 좀 해야죠…."

"에그, 조심하거라! 괜히 큰일난다…."

"걱정 마세요…."

그렇게 집을 나간 큰자식은 '깡' 뇌관이 터져 가는귀와 한쪽 팔을 잃은 불구가 되고, 그의 처는 못 살겠다고 가출을 한다.

자식은 타락이 되어 매일을 술독에 빠져 인사불성 주정뱅이가 되고, 당시 그 큰자식에겐 젖먹이 손녀가 있었는데 며느리가 집을 나가고 없으니 여인은 그 어린것을 끌어안고 이 집 저 집 젊은 엄마들을 찾아다니며 가까스로 젖동냥을 하여 아이를 키운다.

타락한 자식은 술을 먹다 먹다가 술값이 떨어지니 집마저 팔아버리고… 남의 집 세를 얻어 이사를 한 여인은 자식을 살려야겠다는 생각에 수소문을 하여 며느리를 찾아 구슬려 집으로 들게 한다.

큰자식은 정신을 좀 차렸는지 한동안 고물장사를 하며 여식 둘을 더 낳고 그럭저럭 살아가나 싶더니 무슨 사유에서인지 어느 날 밤에 장사를 마치고 돌아오다… 보았다는 사람의 말에 의하면, 사실인지 아닌지는 몰라도 갑자기 달려오는 열차로 뛰어들었다 한다.

연락을 접한 여인은 어둠을 헤치고 기찻길로 뛰어가 미친 듯 허둥대며 툭툭 떨어져 나간 자식의 핏덩이 살점들을 한 점이라도 빠질세라 주워야 하는 피를 토하는 아픔…

아, 진정 당해보지 않은들 그 누가 이 여인의 비통한 심정을 한 점 헤아려 알 수 있으리….

잠시 큰자식이 그렇게 죽기 전 생활을 들여다보면 아랫방엔 어머니와 막냇동생이… 윗방엔 자신들 두 내외와 자식들이 기거하고 있었다. 그런데 매일 밤 들으려 들은 것이 아니고 옛날 집 칸막이라야 고작 화판 하나 가로막은 것이 전부이니 아주 작은 소리도 다 들린다.

이따금 큰자식이 불구의 몸을 이끌고 종일 허덕이다 돌아와 그의 아내에게 하루의 일과 또는 농담이라도 건네면,

“병신, 밥이나 먹어라! XX놈아, 지랄 말어!” 등등 욕설을 퍼붓다가 급기야 후려치고 한다. 그러다 결국은 큰소리가 나고 화가 머리끝까지 오른 큰자식은 죽이니 살리니 하며 밤을 하얗게 새곤 했다.

당시 막내는 어려서 형 부부의 싸움이 무슨 사유의 갈등인지 잘 모르지만 그 어미는 자식이 그리도 무시당하는 것에 얼마나 가슴이 아팠을까.

그러다 못해 큰자식은 자신의 처지를 비관하며 죽음을 택했을 것이라는 추측에 어미는 더욱더 억장이 무너져 내렸을 것이다.

이토록 여인도 피고 싶었는데…

뻐꾸기 우는 사연 19

자식이 아닌 손녀들과

그렇게 여인과 큰자식과의 이승에서 인연은 처절한 비운으로 끝을 맺고, 여인은 가슴에 자식을 묻고 흐느낌의 나날 속에 며느리란 자는 다시 또 어린 새끼들을 나 몰라라 던져 버리고 집을 나간다.

여인은 또 지난날 어린 새끼들을 그처럼 힘겹게 키워온 과거로 시계바늘을 돌려 이번엔 손녀들이다. 나물을 뜯고 약초를 캐며 근근이 생활을 하던 중 산에서 구르는 사고를 당한다.

"거봐, 그러게 내 뭐랬어 이 할미야! 얘들 다 고아원에 갖다주고 자식네 집으로 들어가 편히 지내라 그랬지. 그 꼴이 뭐고…"

이웃의 또래 할머니가 혀를 차며 삐죽인다.

"거, 당치도 않은 소리 말어. 나 하나 편차고 어미 애비도 없는 손녀 새끼들을 버려? 천벌을 받을라, 천벌을 받어. 암 그렇고 말고…."

여인은 자식들을 그처럼 키워오듯 그러한 고초에도 한 푼 두 푼 모아 어린 손녀 셋을 고등학교까지 공부시키던 와중에 큰손녀가 가출을 한다.

여기도 기웃 저기도 기웃… 이 자식이 어디를 갔을까. 들리는 말을 따라다니며 그 옛날 자식들을 찾듯 손녀를 찾아봐도 없다.

둘째, 셋째 자식을 찾아가,

"아범아, 선이가 집을 나가 안 들어온다, 어디 좀 알아보렴…."

"내버려둬요 지가 알아 하겠죠…."

"알아 하긴, 요즘 세상도 험한데 어린것이 잘못되기라도 하면 어떡해…."

"잘못은요, 차-암 어머니는 별 걱정을 다 하시네. 그냥 돌아가 계세요 오겠죠…."

"그럴까 그럼 다행이련만, 아니야, 아니야 분명 무슨 일이 있어…."

자식들의 냉함에 여인은 더 이상 말을 꺼내지 못하고 돌아선다.

"얘들아, 경아. 미야 언니 어디에 있나 좀 알아보렴, 이제 이 할미가 힘도 없고 더는 못 돌아다니겠어…."

"할머니, 우리가 언니 있는 곳을 어떻게 알아, 그냥 있다 보면 오겠지 뭐…."

손녀들도 냉랭하다.

여인은 내가 그 자식을 어떻게 키웠는데… 애간장을 태우나 깜깜함만 더할 뿐 그 누구 하나 도움의 손길은 없다. 애타는 심정을 쓸어안고 또 나물을 뜯고 약초를 캐고… 나머지 두 손녀가 고등학교를 졸업하고 직장을 잡아 떠났을 땐 여인도 해 기운 오후다.

쓸쓸히 홀로 텅 빈 방에서 쪼그라진 몸을 세워 행여 손녀들의 소식을 접하려나 매순간 창 너머로 동서남북을 응시해도 집 나간 손녀는 물론 다른 손녀들의 소식도 접할 길이 없다.

어쩌다 막냇자식이 어머니가 궁금하여 들르기라도 하면 손녀들인 양 좋아라 힘주어 손녀들의 이름을 부르며 문을 열다, 아니면 시무룩한 표정이 되어 푹 주저앉으며,

"이 자식이 어디에 가 있을까, 다른 자식들도 직장엔 잘 다니나…."

그저 슬플 때도 기쁠 때도 한 점 위안이라면 애꿎은 눈물밖에 뭐 있으리….

"어머니, 그 자식들 아무리 기다려 봐야 안 와요. 올 자식들 같았으면 벌써 오거나 연락이 왔죠. 이제 그러지 말고 저희 집으로 가요…."

셋째 자식의 말이다.

"아니야 안 돼, 그 자식들은 꼭 이 할미한테 온다구, 그러니 기다려야지…."

여인은 한동안 그렇게 슬픈 눈동자의 종이 되어 손녀들을 기다리나, 점점 기력도 쇠해지고 하는 수 없이 가까운 셋째 자식네 집으로 든다.

후일 알게 된 사실이지만 그렇게 기다리던 손녀들은 다른 곳에서 살고 있는 엄마와 내왕을 하며 잘 지내고들 있었다.

허공

추수 끝난 들녘에 서
엄마구름 아기구름
정겨운 속삭임을 바라보는데
톡톡 자꾸 무슨 소리가 들려온다

돌아보니
콩 포기를 뽑아 쌓아놓은 더미에
콩알들이 꼬투리를 박차고 하나 둘
튕겨 나가는 발자국 소리인 것이다

아, 그토록 품에 안고
수난의 고초를 가슴으로 받아 넘기며
금동이냐 옥동이냐 애지중지 키웠는데
그 한 생각 없이 매정히들 떠나가고

이제는 가슴이 하얗게 타
빈 바람만 끌어안은 시든 달

보고파 애달프고 병들어 서글픔이여
지금도 어느 낯선 구석방에서 이리 저리 채이며
눈물방울 소리 소문 없이 지워져 가는 母情의 사연들…

회오리바람 휘~ 몰아쳐도 '여인' 나의 마음은 변함없으리…

빼꾸기 우는 사연 20

아, 나는 그 어느 품에

셋째 자식네로 든 여인은 지난 모든 시름을 잊고 잘 지내려나 했는데 결코 평탄치만은 않다. 그것은 일찍 남편을 잃고 어린 새끼들부터 손녀들까지 키우며 절대의 가부장 격으로 살아온 터라 나이가 80이 넘어도 자기중심적 생각과 행동이 앞섰기 때문이다.

평생 쉴 틈 없는 움직임이 몸에 배어 빨래를 하고 청소를 하고 집안 구석구석을 치우며 자식네 집 살림살이를 마치 자신의 살림인 양, "그렇게 해서는 안 된다, 이렇게 해라, 무엇은 이렇게 하고 무엇은 저렇게 해라" 등등 도맡아 했기 때문이다.

그러한 여인을 셋째 자식 내외는 노파심에서 그러하시겠지 하며, "어머니, 놔두세요. 저희가 알아서 할게요" 하면 여인은 이내 마음이 상하곤 한다.

그러한 어머니의 비위를 맞추려니 셋째 자식 내외 역시 마음이 편치 않지만 그러함은 여인도 마찬가지다. 그러다 보니 부모 자식 간 갈등의 골은 점점 깊어만 간다.

그렇게 몇 해를 셋째 자식네서 좋아서도 싫어서도 기거하던 여인은, 형제끼리 서로 상의를 했는지 서울 둘째자식이 내려와 우리 집으로 가자하여 못 이기는 척 따라나선다.

서울에서 여인의 노후는 다시 또 시작이지만 그곳에서도 몇 해 안 가 셋째 자식네보다 더한 불화로 마음이 상한다. 그것은 둘째 자식이나 며느리는 셋째 자식네와는 달리 완고한 편이었기에…, "어머니, 하지 마세요" 하면 하지 말아야 하고, "가만히 계세요" 하면 가만히 있어야 했기 때문이다.

그러하지 않으면 내몰리는 형국으로 질타를 받아야 했으니 여인은 점점 자신의 입지와 자유가 박탈당하고 있다는 느낌에 불안과 초조가 앞섰다. 하지만 이제는 버석버석 부서지는 시래기 같은지라 고분고분 순응할 수밖에….

그렇다고 다시 셋째네로 간다고 할 수도 없고, 골방에 홀로 앉아 챙겨주는 밥만 축이며 참고 견디려니 부아가 끓어오르고… 생각다 못해 이번엔 원주 막냇자식네로 가겠다고 보따리를 챙긴다.

아니 보따리를 챙긴다기보다 같이 있지 않았으면 하는 자식 내외의 의중이라 할까? 자신 역시 그러한 마음이었으리…. 그러한 사연은 막냇자식도 몇 번 서울을 오르내리며 느낄 수 있었음에 모시겠다 하였기 때문이다.

"어머니요, 이제 다시는 우리 집에 올 생각 마소!"

"그래 알았다, 알았어. 다시는 내 너네 집에 안 가마!"

여인은 그렇게 둘째 며느리와 언짢은 심기로 작별을 하고, 막냇자식은 서울로 올라가 '여인' 어머니를 모셔온다.

만추의 길녘에서… 여인의 뒤란…

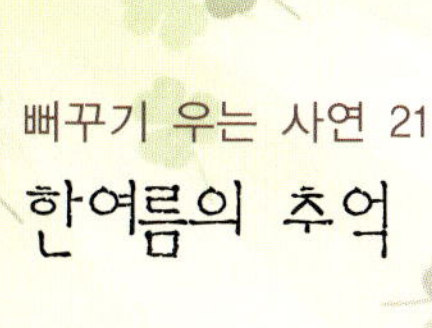

빼꾸기 우는 사연 21

한여름의 추억

2002년 5월 초순, 여인의 나이 88세.

당시 여인의 막냇자식은 건설업을 하다 아이엠에프 때 부도를 맞은 후 거리에서 '떡볶이 어묵' 포장마차 장사를 하며 근근이 생활을 유지하고 있었다. 그런 와중에 어머니를 모시게 되었으니 그 안타까운 마음 어디에 전하리….

막냇자식은 그 모든 사연을 운명이라 생각하고… 단칸방이지만 그래도 아랫목엔 어머니를 윗목엔 자기들 두 내외가 자리를 하고, 말 못할 가슴앓이의 행보는 시작이다.

여름날 40~50도가 넘는 포장마차에서 장사를 마치고 새벽에 돌아오면 뜨거웠던 밤 열기에 막내며느리의 궁둥이는 벌겋게 무른다. 그러나 속옷 하나 후딱 벗고 바람 한 점 쐬지 못하는 아픔, 그래도 그는 아무렇지 않은 듯 늘 편하고 정겹게 시어머니를 대한다.

예서도 여인은 마찬가지로 한시도 쉼 없이 설거지를 하고 빨래를 하고 방을 치우며 잔소리가 심하다. 그래도 여인의 막내며느리는 비시시 웃으며 늘 칭찬을 하며 부드럽게 대한다.

물론 막내며느리도 그러한 시어머니가 때론 심적 부담도 가고 다소 자신의 뜻과 맞지 않음의 섭섭함도 있었겠지만… 그래도 그러함을 말갛게 던져버리고,

“어머님, 참 잘하셨어요. 어머님이 계시니 제가 엄청 편한 것 같아요.”

그러면서 오순도순 자주 대화의 시간을 갖는다.

그러면 시어머니는 이내 성에 안 찼던 잔소리를 풀어 던지고 기분이 좋아서, “정말 그러니 어멈아?” 하며 벙글거린다.

그렇게 여인은 모든 사유를 자기 주관대로 해야 했고, 또 순응해야 심기가 편했다. 그런데 다른 자식네서는 그러하지 못하였으니 그 얼마나 속이 상하였으리….

막냇자식은 그러한 고부간의 고운 사이를 물끄러미 바라보며… ‘노인은 저리 모셔야 하는구나. 그래, 어머니가 우리 곁에 계시면 얼마나 계시고 사시면 또 얼마를 사시랴…’ 하라는 대로 시키는 대로 따르리라 마음먹으며 불편함을 참아주는 아내에게 고마움의 찬사를 보낸다.

서울에 있을 때도 여인은 주로 건빵이 식사대용이었는지 원주에 와서도 건빵을 찾는다. 하기야 건빵은 그 옛날 ‘여인과 막냇자식’ 둘이서 땔나무를 하러 갈 때나 나물을 뜯으러 갈 때도 허기진 배를 채우기 위해 구멍가게에서 사가지고 갔던 추억이다.

'어머니는 그 추억을 그리시는 것일까?'

막냇자식은 저녁에 장사를 나갈 때면 밤에 배고프시면 드시라고 간단한 음식과 건빵 한 봉지, 물 한 컵을 머리맡에 두고 돌아와 보면 다른 것은 조금씩 다 맛을 보았는데 건빵만은 그대로 있는 것이다.

'왜 안 드셨지? 건빵을 찾으시면서….'

하루는 늦은 아침 막냇자식이 잠을 깨어 보니 어머니가 안 계신다. 문구멍으로 밖을 내다보니 뜰 앞에 앉아 건빵을 드시고 있다.

막냇자식은 다가가,

"아니 왜 방에서 잡수시지 밖에 나와 드세요?"

어머니는 비시시 웃으며,

"너희들 장사하고 돌아와 곤히 자는데 내가 부스럭거리면 잠 깰까 봐서…."

아, 그랬었구나… 그도 그렇지만 늦게까지 장사를 하고 돌아온 며느리가 일찍 일어나 밥을 못해 주니 배는 고프고, 그렇다고 며느리를 깨워 밥해 달라고 할 수도 없고 하여 여인은 아침을 건빵으로 대신하였던 것이다.

세상 모든 어머니가 다 그러하겠지만 그렇듯 자식에 대한 사랑이 깊음을 그 자식은 지천명이 넘어서도 몰랐던 것이다.

지천명知天命

물방울처럼 반짝이며
아름답게 속삭였던 인연들이
하나둘 꽃잎처럼 흩날리며
아련히 멀어져 간 목마름의 갈증

꿈 많은 생을 갈망하며
마냥 푸르기만 하리라는 환상으로
유혹을 끌어안고 춤추며 노래하며
허공을 떠돌던 마음 하나

향기 없는 꽃술에 입 맞추며
화려했던 절정의 잔상들을
이제는 잔 가득 담아
저 가슴속 깊은 곳에 묻어 버리고

헐렁한 바람에
때 묻은 어제를 말끔히 씻어

가을빛 따스한 창가에
쉰 가슴 꺼내어 청아하게 말리며
아직도 한 점 알지 못한 천지의 길을 쉼 없이 달리리…

그러다 보니 벌써 여인은 가을 길녘에…

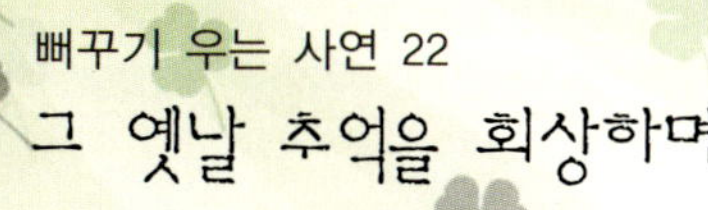

뻐꾸기 우는 사연 22

그 옛날 추억을 회상하며

한여름 뜨거운 열기로 서로가 불편이야 하지만 막냇자식 내외는 어머니를 모시고 그 옛날을 그리며 자박자박 들로 산으로 다니며 나물도 뜯고 계곡에서 피서도 즐기며 오순도순 많은 추억을 만든다.

"아범아, 이건 둥굴레고, 이건 밀대인데 아니?"

"알기는 아는데 하도 오래되어서 이름은 다 까먹었어요…."

막냇자식은 그 어린 시절 어머니와 함께 나물을 뜯고 약초를 캐던 그림을 그려본다.

"어? 여기 산작약이 있네. 아범아, 이거 캐다 집에 심으렴, 진통 해열이나 다른 곳에도 좋지만 부인병에 다려서 먹으면 참 좋아."

"그래요 어머니? 예전에 내가 캤는지는 몰라도 처음 보는 것 같네…."

막냇자식은 작약을 캐어다 뜰 앞에 심고, 해마다 곱게 꽃이 피더니 어머니가 돌아가신 지 3년 후, 어느 날 꿈에서 어머니가 방문을 열고 간다며 스르르 나가는 뒷모습 이후 싹도 나지 않는다며….

'엄마가 정말 저세상 좋은 곳으로 가셨나….'

안타깝고 그리운 마음 사무치지만 그래도 좋은 예감에 허전함을 달랜다.

계곡에 앉아 자신들은 소주를 한잔씩 따라 마시고 어머니에겐 맥주를 한잔 따른다.

"너희는 뭘 먹니?"

"우리는 소주, 어머니는 맥주."

"나두 소주 한잔 다오."

"어머니, 이거 마시면 취해요."

그래도 여인은 달라한다. 막냇자식이 한잔 따라주니 한잔 더 달라하여 홀짝 마시더니, 아니나 다를까 바위에 기대어 있다 물에 첨벙 주저앉는다.

막냇자식은 어머니를 부축이며…

"거봐요, 어머니. 내가 취한다 그랬지요."

"그래도 좋다, 아범아! 오늘이 내 생에 가장 기분이 좋은 것 같구나…."

"어머니, 밥 많이 드세요."

생선을 구워 가시를 발라 수저에 얹어 드리면,

"그래, 그래. 너희도 밥 많이 먹고 겅중겅중 뛰어다녀 아프지 말고…."

처음 서울에서 내려와선 입맛이 없어 못 먹겠다고 밥 한술 뜨다 말고 하였는데 이가 없는 잇몸으로도 밥 한 공기를 다 드신다.

식사가 끝나고 나면 여인은 서울에서는 그 좋아하는 커피도 몸에 안 좋다고 아니 주어 못 마셨다며 마셨으면 한다.

"드세요 어머니…."

"정말, 아범아…"

"그럼요 어머니, 우리한테선 드시고 싶은 거 다 드세요."

여인은 아침이 끝나고 나면 으레,

"어멈아, 커피타임…."

그러면 며느리는 "네 어머님!" 하며 즉시 커피를 대령하며 하하 호호!

그렇게 지나는 시간의 너울 속에 여인은 서울에서 나빴던 심기가 조금은 풀렸는지 그다지도 아프다던 다리도 안 아프고 마음이 무척 편하다 한다.

어쩌다 자식 내외가 집을 비우면 여인은 온 집안 구석구석을 말끔히 청소하고 정갈하게 앉아 그 자식의 뚫어진 양말을 깁고, 공책에 무언가 글을 쓰다 아니 되면 달력 뒷장이나 아무 종이에 그림을 그리며 시간을 소일한다.

아니, 시간을 소일한다기보다 어쩌면 자신의 한 많은 세상사 희로애락을 수록하고 싶었는지도 모른다. 신문을 보고, 글을 쓰고, 그림을 그리고, 바느질을 하고… 그렇게 90을 바라보면서도 여인은 눈이 밝았고, 그림의 정교함을 보아 예술적 소질도 다분

했다.

'이렇게 그림을 잘 그리시는 것을… 때를 잘 만나 훌륭한 스승을 만났으면…' 막냇자식은 아쉬움을 삼킨다.

그러던 어느 날 춘천 셋째 며느리가 찾아온다.

그는 생활도 넉넉지 못한데 단칸방에서 어머니와 함께 지내는 시동생 내외에게 미안한지, 삼촌 미안하다며… 지금 집을 새로 사서 수리중이니 가을 추석 땐 자기들이 어머니를 모시겠다며 불편해도 조금만 참아 달라 한다.

안 그래도 날이 추워지면 골방에서 어머니를 어떻게 모셔야 하나 근심하던 막냇자식은 참으로 고마웠다.

가을의 문턱에서 살긋한 바람이 옷깃을 스친다. 막냇자식은 어머니를 춘천 셋째 형네로 모셔야 할 시간이 짧아지니 어쩌면 이것이 어머니와 자신과, 이승에서의 마지막 모정의 순간일지도 모른다는 예감에 더욱 더 최선을 다한다.

"어머니 다녀왔습니다."

"응, 그래. 아범 왔냐?"

"네, 어머니."

"그런데 그건 뭐여?"

"네, 이거 어머니가 말씀하시던 찔레나무 뿌리요…."

"애고 그것을 어디서 캤어. 힘 많이 들었지?"

"힘은요 뭐, 저 산 개울가에 가면 많은걸요."

"그래도… 그래, 우리 아들이 최고다. 이렇게 어미 생각을 해주고…."

그렇게 다리가 아프고 뼛골이 쑤시는 데는 찔레나무 뿌리가 좋다 하여 그것을 캐다 잘라 달여주기도 하고, 자신의 시간을 던져버리고 마주 앉아 그림을 그리고 글을 쓰고 옛이야기를 나누며 말동무도 하면서….

하루는 어머니를 차에 태워 막냇자식은 시골길을 따라 바람을 쐰다. 가을이 빠른지 벌써 어떤 논밭은 갈걷이가 끝나고, 어쩌다 허수아비 한둘 서 있거나 쑥쑥 뽑혀 도랑가에 나자빠져 들판은 더욱 썰렁하다.

여인은 차창 밖으로 그런 허수아비를 바라보며 무어라 중얼거린다. 막냇자식이 무슨 얘기냐고 물으니, 여인은 비시시 웃으며… 인간의 본성 그 무엇을 말하려는지 실컷 써먹을 땐 위하는 척하다가도 필요가 없어지면 저렇게 내동댕이치거나 불태워지는 것이 허수아비의 운명이라며 '나도 저러하겠지…' 하며 허수아비에 대한 우화를 간략한다.

'실컷 써먹을 땐 위하는 척하다가 필요가 없어지면 버림을 받는다, 위한다, 써먹는다, 버려진다….'

여인의 속삭임에 막냇자식은 언뜻 무언가 뇌리에 영상이 스치고 그를 토대로 '엄마는 허수아비'란 상상의 날개를 펼친다.

※ 그 엄마는 허수아비, 뻐꾸기 우는 사연이란 상상의 나래를 뒤편에…

이 홀로 여인의 마음 그 뉘라서 알리…

뻐꾸기 우는 사연 23

아, 모정인가 냉정인가

그렇게 잠시 지나는 시간이었지만 여인은 막냇자식에게 허수아비와 같은, 무언가 많은 이야기를 남기려 했고, 막냇자식은 새로운 것을 배우는 양 어머니의 말 한마디마다 아쉬운 듯 가슴 깊이 새겨 간직한다. 지금이 아니면 다시는 어머니의 조언을 들을 수 없다는 예감에서다.

추석 전날이다. 막냇자식은 어머니에게 춘천 셋째 형네가 집을 사서 수리를 다 끝냈으니 그리로 가자고 한다. 그러나 여인은 이렇게 지내도 여기가 좋다며 한사코 가기를 싫어한다. 막냇자식은 내년 봄 따뜻해지면 다시 모시겠다며 어머니를 애기처럼 달래어 춘천 형네 집으로 향한다.

춘천을 가니 조카며느리가 아버님이 집수리를 하다 발을 다쳐 병원에 입원했다 한다. 병원을 찾아가니 셋째 자식은 침대에 누워 있고 옆에는 셋째 며느리와 서울에 사는 둘째 자식이 있다.

여인은 자식을 보며 이내 눈물을 글썽인다.

"어이구 내 새끼! 어디를 그리 많이 다쳤냐!"

부모 앞에 자식은 100살을 먹어도 마냥 어린애이겠지.

그러나 어느 자식 하나 선뜻 어머니 오셨느냐며 반겨 맞지 않고 시무룩한 표정에 냉기만 흐른다. 한참 동안 그렇게 침묵이 맴도는 가운데 이윽고 셋째 며느리가 올해는 무슨 무슨 일로 누구든 사람을 집에 들일 수 없다며 어머님도 모실 수 없다 한다.

또 한참 침묵이 흐르고, 이윽고 서울 둘째 자식이 화가 난 표정과 말투로…,

"어머니, 가요 가. 서울로!"

'여인' 어머니의 손을 끈다. 그도 그럴 것이 막냇동생은 형편도 그렇고 제수는 모실 수 없다 하고 맏이 아닌 맏이이다 보니 어쩔 수 없이 또 자신의 몫이 되었으니 말이다.

여인은 쓰러질듯 끌려 병원 계단을 내리고, 셋째 자식과 그의 처는 아무런 말없이 바라만 보고….

그 뒤를 따라 내리던 막냇자식이 보다 못해,

"형, 노인네가 무슨 다리 힘이 있어요. 찬찬히 좀 모셔요…."

둘째 자식은 들은 척도 않고 손을 끌어당기고, 여인은 옷 보따리를 옆구리에 끼고 끌려가듯 따른다.

사실 여인의 옷 보따리라는 것은 평소 푼푼이 모아두었던 돈으로 마련한 저세상 갈 때 입을 수의를 만들 삼베 몇 필이다.

여인은 병원 마당에 세워놓은 둘째 자식의 승용차를 향해 비척비척 발길을 옮기며, 뒤따라오는 막냇자식을 돌아보고 또 돌아보며, 무엇을 어떻게 좀 해주었으면 하는 눈치다. 그러나 화가 잔뜩 난 형 앞에 막냇자식 역시 그냥 바라보며 따를 뿐 말이 없다.

그렇게 떨어지지 않는 여인의 발길은 다시는 서울에 안 간다고 짐까지 챙겨 둘째 며느리와 언짢은 관계로 나왔는데, 다시 가게 되니 가서는 또 어떠한 대접을 받을까 하는 여러 생각에서였을 것이다.

차는 미끄러지듯 쏜살같이 서울을 향해 사라지고… 그렇게 떠난 여인은 1년을, 아니 추석 한 달 전이니 11개월 동안 서울에서 묶다 춘천으로 내려온 지 꼭 한 달 만에 한 많은 생을 마친다.

새둥우리를 연상하며… 그렇듯 오순도순 살고 싶었는데…

빼꾸기 우는 사연 24

아픈 마음이어라

막냇자식은 그때의 광경을 떠올린다.

옛말에 형만 한 아우 없다지만 자신이 셋째 형이었다면 어떠한 상황에 식구가 뭐라 해도 어머니를 모셨을 것이고, 또 형수란 여인 역시 그래야만 했었을 것이라고….

또 자신이 둘째 형이었다면 아무리 언짢아 화가 나도 그렇게 어머니를 어둠으로 가는 소처럼 끌거나 퉁명스럽게 대하지는 않았을 것이라고….

물론 그동안 둘째 자식이나 셋째 자식이나 서로 그 곧고 카랑카랑한 성격의 어머니 비위를 맞추어 가며 모시느라 아내들 눈치도 봐야 하고 며느리들은 시어머니 마음을 맞추어 지내려니 때론 힘도 들어 짜증도 났으리라.

하지만 그래도 그동안 미우니 고우니 잘들 모셔와 놓고 얼마 남지 않은 마지막 순간에 그렇게 냉대할 수가 있을까. 형들과 형수들이 끝 순간까지 어머니를 좀 더 고이 모셔 주었으면 하는 바람이었는데….

그러면서 막내는 그때 왜 자신은 어머니가 손등으로 눈물을 훔치며 돌아보고 또 돌아보며 무엇을 어떻게 좀 하여 주었으면…, 그것은 죽기보다 더 서울로 가기 싫음인데….

무엇 때문에 선뜻 다가가, '어머니, 저하고 다시 우리 집에 가요' 하고 모시지 못하였던가. 형편이야 어떻든 그렇게만 하였어도 어쩌면 지금까지 생존해 계실 터인데, 하는 후회로의 그림을 그리며 고개를 떨친다.

세월

하현의 달빛 아래 심연에 잠기어서
쫓기듯 뛰어온 길 돌아보니 허무한데
오늘은 또 나를 보고 내일로 가자 하네

가면 또 무얼 하나 오늘이 어젠 것을
느는 건 고달픔과 차는 건 수심인데
꿈같은 미풍세상이 내 생에 있겠는가

없는 것도 서러운데 곳마다 찬밥이라
고독한 내 영혼을 무엇으로 달래리
해 질 녘 냉랭한 바람은 더욱더 매서운데…

꽃이 피는 것처럼 여인 스스로도 아름답고 싶었음이리…

뻐꾸기 우는 사연 25

생의 마침표를 찍으며

여인이 생의 끈을 놓을 때가 되니 둘째 자식이며 며느리가 화장을 한다고 한다. 막내는 서울을 오가며 형에게 화장만은 안 된다며, "왜 춘천 형이 묘소까지 마련해 놓았는데 그러냐" 해도 둘째 자식은 언제나 자기주장이 강하듯 막무가내다.

할 수 없이 막내는 춘천으로 가서 셋째 형에게 도움을 청한다. 어머니를 춘천으로 모시고 돌아가시면 화장 말고 매장을 하자고, 그래야 보고플 때 성묘라도 가서 물 한 그릇 떠놓고 허한 마음을 달랠 수도 있지 않겠냐고….

말이 없던 셋째는 막내의 말에 순응하고 함께 서울로 올라가 삼형제가 논의 끝에 막내는 어머니를 모시고 춘천으로 향한다.

그렇게 춘천 셋째 형네 집에 어머니를 모신 막냇자식은 아내와 밤새워 포장마차 장사를 하며 짬을 내어 이틀마다 원주에서 춘천을 넘나들며 기력이 다해 가는 어머니를 찾아뵈며 위안을 한다.

그때마다 여인은 막내며느리를 순둥이라 칭하며,

"난 괜찮으니 염려 말고 어여 넘어가 장사해 돈 많이 벌어서 이렇게 큰집처럼 집도 사고 잘살아라…" 하고 다독인다.

언젠가는 그 막내며느리의 가슴에 아픔도 주었건만 지내 놓고 보니 그래도 며느리 중 무던한 막내며느리가 제일 마음에 찼던 것 같다.

막내며느리는,

"어머님, 저희 걱정 말고 어서 쾌차하여 일어나세요. 그래야 우리 또 함께 들밭으로, 계곡으로 놀러 가지요…."

시어머니는,

"정말 그럴 수 있을까?"

"그럼요 어머니…."

그렇게 여인은 죽음 그 순간까지 또렷또렷 말을 하고 등이 물러 뼈가 허여니 드러나도 자식들에게 추한 모습을 안 보이려 아픈 기색을 감추곤 한다. 그러면서 가끔 속이 너무도 아픈지, 그것만은 견딜 수가 없는지, 주먹을 쥐어 가슴을 두드린다. 홀로 살아오며 그 누구에게도 말할 수 없는 수많은 사연을 속 깊이 묻어온, 아마도 화병이었으리….

그러한 아픔은 비단 지금에서가 아닌 오래전부터였건만 과연 그 어느 자식 하나 따뜻한 관심으로 보살핌 있었음이리.

막냇자식은 저며 오는 마음을 가라앉히고,

"어머니, 우리 병원 가요…."

그 탈진한 어머니를 모시고 병원으로 향한다.

이 검사 저 검사, 마지막 특수촬영을 하기 위하여 둥그런 관

속으로 들어가는데 이미 여인의 팔다리는 굳어져 제대로 펴지지가 않는다. 의사와 촬영기사는 억지로라도 빨리 검사를 마치려고 강행을 하고, 여인은 죽겠다고 아픔의 신음을 토하고….

그 애처로운 모습을 바라보다 못한 막냇자식은 어머니를 꼬옥 끌어안고,

"엄마, 아파도 조금만 참아 응? 내가 옆에 있잖아, 그래야 얼른 낫지…."

그것이 생의 마지막 엄마의 품이었습니다.

어머니를 아기처럼 달래어 가까스로 검사를 끝내고… 여인은 삭정이 같은 손을 뻗쳐 의사의 옷소매를 끌며 애원을 한다.

"의-의사 선생님! 제-제발 저 저-좀 살려주세요-오. 네? 의-의사 선생님…."

의사는 조용히 내게 다가와….

"췌장이 좀 나쁜 것 같은데 연세가 많아 수술을 할 수도 없고… 많이 사셔야 한 달입니다. 마음의 준비를 하시지요…."

아아…

막냇자식은 무너지는 억장을 부여안고 아니한 척…,

"엄마, 이제 검사 다 끝났어요… 가요, 집으로. 아무 걱정 마시고 약 드시면 아픈 거 다 나을 수 있대요…."

"으-으, 그-그래…."

"그럼, 엄마."

'여인' 어머니를 업고 병원을 나와 차에 모시고 달린다.

그 아늑하고도 멀고 먼 어머니의 고향을 향해서….

서산을 넘으려는 햇빛이 눈부시게 아름답다.

'아, 어찌 저처럼 아름다울 수가 있을까?'

인생도 가면서 아프지 않고 저리 아름다울 수 있다면….

모든 것이 업보일까?

살아생전 어머니는 삶이 힘겨울 때마다 밥 먹듯 푸념을 내뱉었다.

"에이, 이놈의 팔자, 빨리 죽어야지…."

그러나 막상 주검 앞에 이르니 살아야겠다는 절대적 애원으로 매달렸다.

생은 반쪽이여, 그 잃어버린 내일이요 고독이요, 그리움이란 반쪽을 찾아 빈 배낭 걸머지고 헤매지만 결국은 찾지 못하고 누구나 다 피할 수 없이 가야 할 길인 것을, 그 무슨 미련 때문이었을까. 그다지도 허무를 위한 무명의 가녀린 고달픔이면서….

막냇자식은 밀려오는 슬픔을 억누르며 부서지는 햇살 사이를 비집고 차를 몰아 집에 도착을 하고, 어머니를 안도시키려 머리맡에 앉아 스케치북에 나무를 그려 보인다.

"엄마, 어서 쾌차하여 일어나. 이 나무처럼 푸르게 말이야…."

여인은 크레파스를 달라 한다.

"엄마도 그림을 그리려고?"

여인은 스케치북에 일자 수평을 긋고 그 위에 닿을 듯 말 듯 나뭇잎 하나를 가까스로 그린다.

"엄마, 이게 무슨 뜻이야?"

여인은 가까스로 막냇자식의 귀를 끌어다 속삭인다.

"저 나뭇잎이 선에 닿으면 나는 저세상으로 간다…"라고 하며… 가서는 뻐꾸기가 되어 온다고 한다. 그리곤 텔레비전을 보았는지, "카드 조심해라…" 유언이라 할까… 그러한 몇 마디 대화가 여인과 막냇자식과 모자라는 이승에서의 인연에 고리가 마지막 풀려나는 그 10여일 전이었고, 어린 시절과 1년 전 여름 5개월이 가장 아름다운 추억의 동거였다.

물론 여인은 다른 자식들과도 어린 시절이나 동거하는 시간에 기-인 한숨이 아닌 아름다운 미소도 많았겠지만, 그러한 순간에 막내인 자신은 함께 있지 아니하여 예다 적나라하게 기필하지 못함이 참으로 아쉽다.

이 그림은 여인이 생의 끈을 놓으며
막냇자식과의 마지막 합작품이다.

이 슬픔 다하던 날

아침이 채 밝기도 전
새벽 찬 이슬 이마에 달고
두 손을 호호 불며 발을 동동 구르며
어두운 골목길을 돌아 품 팔러 가는
엄마의 뒷모습을 문틈으로 살짝이 보았어요

추위 때문에, 배고픔 때문에
바싹 옴츠린 가녀린 어깨 너머론
엄마의 하얀 입김마저 비척이는데
칼날을 세운 바람은 그마저 매정히 베어 버리고
나는 더 이상 그 모습을 바라볼 수 없어
그만 돌아서 누더기 이불에 얼굴을 묻고
마냥 흐르는 눈물을 세월로 달래었어요

살아오며 허덕이며
따스한 옷 한 벌 입어 보지 못하고
따끈한 고깃국에 김이 모락모락 나는

이밥 한 그릇 배불리 먹어 보지도 못하고
늘 그렇게 배고픔을 벗 삼아 종종걸음 하시다
엄마는 저 머언 세상으로 떠나가시는데

머리맡엔
늘 입으시던 낡고 빛바랜 몸빼와
한쪽 귀퉁이를 콩톨만큼 떼어 먹던
갸름한 찐고구마 새끼 한 개가 놓여
고기가시 같은 엄마의 몸과 허기진 배를 대신함에
아, 나는 어이 더 견딜 수 없는 몸부림으로
하늘이여, 하늘이여 마냥 외마디만을 삼키었어요…

꽃은 폈는데 외로움이어라…

뻐꾸기 우는 사연 26

그렇게 섰다 그렇게 지는 것을

이틀 후 성난 태풍 매미가 대지를 휩쓸던 날 막냇자식은 밤새 장사를 하며 포장마차의 포장이 날아갈까 대롱대롱 매달려 매미와 싸워야 했고, 잠깐 눈을 붙였다가 빨리 어머니에게 가봐야지 하는데 전화벨이 울린다. 춘천 둘째 형이 지금 막 어머니가 운명하셨다 한다.

'아, 천하의 불효! 어머니의 임종도 못 보고….'

살아생전 가끔 찾아뵙고 돌아설 때면 대문가에 나와 서서 그 못난 자식이 멀어져, 아니 보일 때까지 손을 저으며 그토록 아쉬워하던 모습… 왜? 그때 뛰어가 와락 부둥켜안고 좀 더 함께 하지 못하였던가… 막냇자식은 부랴부랴 춘천 '여인' 어머니에게로 달려가나 매정한 삶과 죽음의 경계는 그것으로 끝이다.

그렇게 여인이 걸어오는 허기진 길목에는 늘 큰 나무와 바위와 빙하의 절벽과 용광로의 열기뿐, 따스한 봄과 풍요의 가을이란 아예 얼핏도 안 했다.

일찍 외기러기가 되어 만고의 풍상 속에 빈 껍질 되어 쓰러지는 순간까지 오직 남편 대신 자식들을, 자식들 대신 손녀들을 위한 절대의 노예로, 자신을 위한 자신의 아름다운 시간일랑 감히 한 점 맛볼 상상조차도 못하고, 세상사 희로애락의 소꿉놀이 그렇게 한 점 이슬이 된 것이다.

그리움만 가슴 가득

1

불어오는 바람이 황금빛인 것은
가을이 오기 때문이요
그 빛과 더불어 님은 가셨고
보고픈데 다시는 볼 수 없으니
아, 오늘밤도 나의 애달픔은
저 스러지는 달빛에 젖습니다…

2

잊어야지
누구나 한번은 가야 할 길
그런데 잊으려 해도 잊을 수 없는 것은
하늘이 유난히 파랗기 때문만은 아니요
계절이 바뀌어 가기 때문만은 더욱 아니옵니다
그때도 그러하듯 님 가신 길 위엔

비와 바람과 들국화 꽃이 쓸쓸히 누워
그날을 기억하며 눈물짓고 있었기 때문입니다…

아, 진정 이러함에 꽃이 여인 자신이고 싶음의 꿈이었을까…

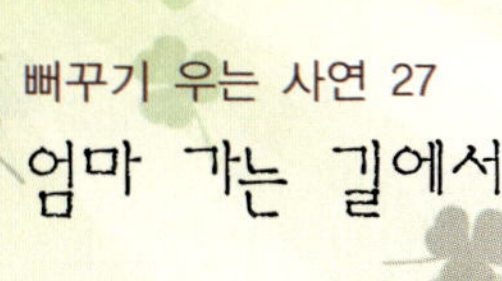

뻐꾸기 우는 사연 27

엄마 가는 길에서

칠흑의 밤 태풍 매미의 잔해인 폭우가 하염없이 쏟아지는 춘천 어느 이름 모를 산모퉁이 장래식장….

여인은 머리를 곱게 빗어 넘기고, 이제 그 크고도 무거운 인고의 보따리를 집어던지고 편안한 잠에 들었다.

아니 잠들었다기보다 눈을 감고 나서도 은근한 냉대와 차디찬 냉동실에서 이틀 밤을 지내야 했고, 겉옷도 제일 싸구려를 구입해 입어야 하는 살아서나 죽어서나, 집에서나 나가서나, 그리도 서럽디 서러운 가난과 혼자라는 멸시의 허수아비로 내동댕이쳐졌는지도 모른다.

가는 길 그 어느 자식 하나 노잣돈 넉넉히 챙겨 드리지도 못하고, 새 옷 한 벌 선뜻 입혀 드리지도 못하고… 보화꾸러미처럼 늘 당신 옆구리에 끼고 다니던 때 묻은 삼베, 그것으로 겨우 옷 갈아 입혀 떠나보내면서….

문상객이 오면 나오지 않는 눈물을 억지의 곡소리로 대신 하여 체면을 세우며, 속으로는 어서 시간이 흘러 장례가 끝나기만을 기다리는 표정들로 이러쿵저러쿵… 참으로 쓸데없는 말도 많고 풀어내야 할 사연도 많건만 이를 다 어찌 이 지면에 쏟아놓으리….

하관을 하며 막냇자식은 어머니의 머리맡에 자신의 『손깍지 사랑』 시집과 스케치북과 크레파스를 가지런히 챙긴다. 저세상에 가서도 읽고 쓰고 그림을 그리시라고….

그리고 돌아서며 어머니는 도대체 누구를 위한 삶이었단 말인가, 고뇌하는 눈앞엔 만개한 들국화 꽃잎이 흩날려 마치 상아들의 축복인 양 그 가녀리고 애련한 여인의 넋을 거두어 아련히 멀어져 가고 있음인데….

엄마, 예전에 나하고 손가락 걸어 약속했지, 절대로 헤어지지 않는다고. 그런데 왜 가는 거야, 왜 떠나 가냐고… 말해봐, 응. 말해보란 말이야…. 이제는 지쳐 말하기도 힘들다고?

'그래, 알았어. 잘 가, 엄마! 그리고 다시 이승에 오면 우리 같은 자식들 낳지 말고, 좋은 곳에 태어나 먹고 싶은 것 다 먹고 하고 싶은 것 다 하며 이루고 싶은 것 다 이루어… 알았지? 엄마, 꼬-옥 그러는 거야….'

이별 앞에서

타는 듯 그해 여름이 가고
추석 명절을 지낸 다음날

가 버렸나 싶었던 매미는
폭풍우를 동반하고 우레같이 날아들어
산허리를 휘감고 쏟아지는 억수비
비릿한 강물이 되어 황토색으로 흐르고

어깨 너머론 청솔가지 타는 냄새가 다가와
빛바랜 사진을 맴돌아 생의 까칠한 흔적
연기처럼 사라져 가는데
나는 어느 이름 모를 산모퉁이에서
절박함에 정신없이 흔들리고 있었고
따라서 흔들리던 들국화 꽃이 있었다

그 사이로 아득히 멀어져 가는
내 그토록 사랑하는 임의 뒷모습을 보았는데

아직도 나는 그 길의 비밀을 알 수 없어
고뇌하는 창밖엔 어둠이 하얗게 새고 있다

평소 늘 푸른 내일을 지향하라 푸른 나무를 그렸으리…

뻐꾸기 우는 사연 28

아직도 풀지 못한 숙제와 엄마의 숨결

때마다 찾아오는 오뉴월, 뻐꾸기가 울면 막냇자식은,

'어머니는 왜 그 많은 새들 중에 하필이면 뻐꾸기가 되어 온다 하였을까? 혼자서는 너무도 감당하기 힘든 삶이었기에, 아니면 자신이 구하려 해도 구하지 못하는 자식들을 먹이기 위한 낟알이라도 뻐꾸기가 물어다 주었으면 하는 바람으로?'

그러하겠지. 뻐꾸기가 울 때면 보릿고개란 말처럼 가난에게는 가장 먹을 것이 궁한 절기다. 겨우내 먹을 것은 모두 바닥을 드러냈고, 다시 입에 넣어야 할 먹을거리의 씨앗은 아직 땅속에 있거나 겨우 싹을 틔웠음은 물론 미처 보리도 영글지 않았기 때문이다.

그럼에도 여인은 오로지 어린 새끼들을 굶길 수 없다는 생각으로 산야를 허둥지둥 헤맸을 것이나, 아무리 찾아도 배를 채울 것은 없고, 어둑어둑 해 저문 산골짝의 뻐꾸기 울음은 더욱더 여인의 발길을 재촉하며 애간장을 녹였을 것이리.

하여 여인은 후일 뻐꾸기로 태어나 기어이 그 배고픈 자식들을 위해 낟알을 찾아 물어 나르려고 하지 않았을까 하는 추측이다.

'그래, 그러함이 진정 허수아비가 되어 내동댕이쳐지는 어머니의 마음이었을 것이요, 세상 모든 어머니들의 모정이리….'

막냇자식은 그러한 추측을 하면서도 왜 어머니는 그 많은 새들 중에 뻐꾸기가 되어 오신다 하였을까… 하는 또 다른 의문으로 여러 책자를 뒤적이나 별 이렇다 할 시원한 사연을 접하지 못하고 여전히 미상의 숙제로 남아 늘 밤을 하얗게 새곤 한다.

꽃같이 곱게 피어 단란한 가정을 꾸리고 싶었던 여인… 그 여인의 꿈은 사라지고 젊디젊은 나이에 짝 잃은 원앙이다 보니… 유혹의 손길은 물결처럼 넘실거리지만 절대로 귀 기울여선 안 된다는 일념으로 쓰러질 듯 휘청이는 마음을 지탱하며 일부종사로 한 생을 마친 것이다. 그 의미로 여인의 그림을 보면 처음은 꽃을, 중간은 둥우리 안의 새를, 끝으로 폭풍우에 쓰러질 듯한 나무들과 주로 사군자인 매난국죽이다.

어찌 보면 여자로서 조선시대의 열녀비와 같이 가혹하기 그지없는 형벌이라 생각할 수 있지만 그 누가 시켜서도 아니요, 여인 스스로의 선택이었으니 그 얼마나 충만의 존경이랴.

하여 그 막냇자식은 어머니의 영정사진을 책상머리에 두고 들며 날며 겸허히 고개를 숙인다.

"엄마, 나갔다 올게…. 엄마 다녀왔어…."

마치 생존하여 계신 양 바깥세상의 이야기를 전하면서….

그리고 뻐꾸기가 울면 산야를 찾는다. 그곳은 살아생전 어머니의 안식처요, 자식들과 손녀들을 위한 평생의 주식이요, 가계 운영자금의 원천이었기에 풀잎 하나 매만지고 엄마 생각, 나뭇잎 하나 보듬으며 엄마 생각, 어쩌면 그것들에는 아직도 어머니의 숨결이 배어 있을 수도 있기 때문이다.

'엄마, 잘 있지…. 전화를 하여도 아니 받고, 편지를 하여도 답장이 없으니, 혹 아직도 고픈 배를 움켜쥐고 우리를 위해 나물을 뜯으러 산야를 헤매는 것은 아니겠지…. 엄마, 이제 우리 배고프지 않으니 그만 편히 쉬어. 알았지….'

묘소에서

나의 고향은
이미 어둠에 묻혀 버린 오래인 시간

두 팔을 벌려 끌어안은
내 가슴팍을 아리게 찌르는 것은
금잔디의 억센 손끝에서
주르르 묻어나는 애달픈 기억들일 뿐

두 귀를 적시는 가녀린 속삭임
'울지 마라 울지 마라,
네가 흐느끼고 있는 그곳은
그냥 세상일 뿐, 아름다운 세상일 뿐
이미 나는 그곳에 있지 않은 터…'

언뜻 스치는 속삭임을 잡으려고
바라본 눈길 앞엔 저 하늘 하현달이
꾸부정 허리를 굽혀 무슨 말을 하려는 듯

그도록 안타까운 표정으로 나를 바라보고 있는네
나는 차마 선뜻 바라보지 못하는 망자석이었노라…

※ 묘소에서『달맞이꽃 손깍지』시집을 가슴에…

– 낭송 고은하

단풍이 지듯 '여인' 나 역시 이렇게 지는 것을…

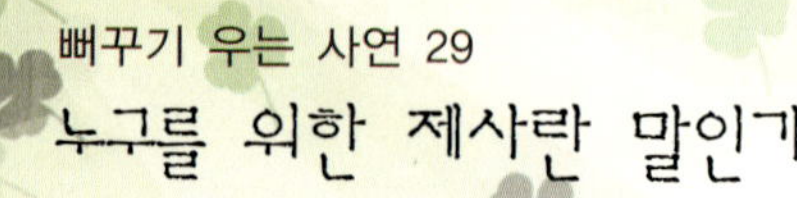

빼꾸기 우는 사연 29

누구를 위한 제사란 말인가

추석 명절을 지낸 다음 날은 어머니의 기일이다.

모두가 하나같이 선물꾸러미를 들고 고향을 향한 발길마다 정겹다. 정말 저들처럼 즐거움 가득이었으면….

생전에 그토록 잘 모셨으니, 사후엔 더 잘 모셔야지. 명절이다 제사다 진수의 상차림….

누가 그런다. 값비싼 고급으로 포장한 모자람의 갈증으로, 피보다 더하다는 그 무엇의 절대적 노예로의 보기 좋은 상차림이고, 절이고, 미소이지 말라고… 어제의 순수한 마음으로의 예이고 정성이고… 오랜만에 만난 동기간끼리 진실로 따듯이 보듬어 안는 가족이고 이웃이고 세상이라고….

'그래, 더도 말고 덜도 말고 꼬-옥 그러하였으면….'

막냇자식은 정화수 한 그릇 떠놓고 절을 한다. 목마름에 마시는 물이 그처럼 아늑하고 따듯하다.

'엄마, 저세상에서는 이승에서와 같은 그 서럽고도 아팠던 모두를 풀어 버리고 배고프지 마….'

기일忌日

사진을 모셔놓고 뫼 한 그릇 떠놓고
'현 유비 하동 정씨' 지방을 써 가는데
손끝에 묻어나는 정 피보다 뜨겁구나

잔 들어 삼배하고 잘 가시라 절을 하니
참았던 그리움이 눈시울을 적시는데
생각사 찢기는 마음 그 뉘라서 알리오

북망산천 가는 길 멀고멀다 들었는데
어머니 이 야밤에 홀로 길 보내시니
억장이 무너져 내려 대해를 이루노라

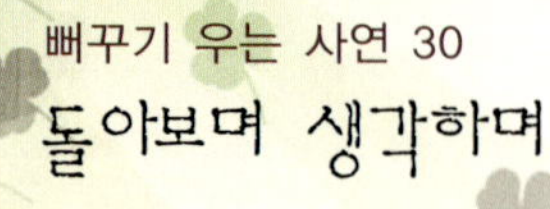

뻐꾸기 우는 사연 30

돌아보며 생각하며

세상 모든 '부모' 엄마들은 자식을 배에 안아서부터 자신이 숨을 거두는 순간까지 그 자식을 위하여 온갖 고통과 고난을 마다않고 희생을 한다. 아니 희생이라기보다 그 자식을 위하여 목숨까지도 선뜻 던져버릴 결단의 각오다. 오죽하면 여자가 아이를 낳으러 방으로 들어갈 때 신발을 거꾸로 놓으며 바라보면서 '내가 저 신발을 다시 신을 수 있을까' 하는 죽음 직전의 절박함을 그 뉘라서 알리….

그렇게 죽음을 담보로 자식을 낳아 금동이냐 옥동이냐 천하에 온갖 사랑을 다 쏟아 부으며 키운 자식들은 그러한 엄마의 마음을 과연 그 얼마나 헤아려 가슴에 안으리. 부귀가 아니면, 아니 부귀라도 어쩌다 운 나쁘면 결국 허수아비로 내동댕이쳐질 수밖에 없는 아픔으로의 한 점 티끌인 것을….

사실 금동이냐 옥동이냐 하는 이야기가 나와서 하는 말인데 나 역시도 금동이, 옥동이는 아니지만 은동이쯤으로 이 세상에 왔으리….

잘은 아니지만 밥술이나 먹으며 별 이렇다 할 일 없이 지내던 어느 날, 아이엠에프라는 미명 아래 하던 일이 좀 기울고 남 보이지 않는 영혼의 방황에 시간이 흐르던 2009년 이른 봄인가, 예고 없이 우울증이라는 불청객이 찾아든다. 어둠을 생각하고 몇 날을 아늑한 곳을 찾아 헤매 돌다 돌아와 텔레비전을 켜니 엄마를 그 조금의 재물 때문에 내동댕이치는 광경이 비친다. 순간 갑자기 2002년 잠시 내게 다녀간 엄마 생각이 떠오른다.

'아 그래, 내게도 엄마가 있었구나….'

그렇다면 아직 내 할 일이 있고, 그 할 일이란 생전에 제대로 모시지 못한 엄마를 그려보는 것이다. 두리번거리며 돌아보니 방구석에 지난 시절 엄마가 글을 쓰고 그리던 그림이 둘둘 말려 아직도 그 온기가 가시지 않은 채 서 있다. 얼른 가슴에 안으며 죽어버려야겠다는 생각은 어디로 갔는지… 무작정 필을 잡아 시작을 해놓고 지금껏 나의 생을 연장하며 지나온 것이 오늘이다.

그렇게 엄마는 혼자의 고통으로 나를 낳아 이만큼 길렀을뿐더러 세상을 떠난 후에도 영으로 늘 곁에서 자식이란 두 글자를 보살피고 있었음이요, 비단 그것은 나라는 존재뿐만 아니라 세상 모든 자식이란 두 글자에도 부합하지 않나 하는 생각이다. 그런데 나는 아니, 우리는 삶이 벅차거나 또 배가 불러도 '자신의 몸뚱이'라는 단순한 생각으로 비일비재 자학을 하고 급기야 자살이라는 것을 생각하거나 선택하곤 한다.

효경(孝經)에 이르기를 '신체발부 수지부모(身體髮膚 受之父母)'

라, 내 몸은 내 것이 아닌 부모에게로부터 받은 것을 까마득히 잊고서 말이다. 생각해 보리. 세상 '부모' 엄마란 두 글자는 너와 나로 분리된 단어가 아닌 우리 모두에 국한된 하나임이요, 스스로를 사랑하는 것은 곧 그토록 부모를 사랑함이라는 것을 잊지 말고서….

그리고 요즘 세간에 신문이나 뉴스를 접하다 보면 간혹 그토록 하해와 같은 부모를 내다버리거나 살해하는 광경에 가슴이 섬뜩섬뜩함은 물론, 너무도 어처구니없는 사실에 경악을 금할 수가 없다. 지난 시절은 배가 고파 그러했다 할지라도, 아니 그럴 리야 있으랴마는, 오늘과 내일에는 너무도 배부르고 행복에 겨운 나머지 더더욱 그러하지 않을까 하는 예감에 그저 가슴이 먹먹하여져 '왜 그러할까?' 하는 아리송한 의문만을 되새김하며 배를 만지며 마음에 손을 얹는다.

아직도 배는 부르지 않고 행복은 저 멀리 있다는 사실에 내 안의 행복을 다독이며 다소의 안도로 엄마의 사진을 바라본다.

'엄마….' 그런데 왜 더는 무슨 말이 안 나오는 것일까. 그래, 이 어둠이 지나면 엄마 산소엘 가야지….'

방문을 여니 뜰 앞 앵두나무에 앵두꽃이 비바람에 하염없이 흩날리고 여린 빈 가지들만 꺾일 듯 휘청거리고 있다.

'빈 가지, 낙화하는 꽃잎들…' 세상 모든 '여인' 엄마들… 왜 이리 가슴이 울렁거릴까… 갑자기 파고드는 그 무엇에 더는 서성일 수 없어 돌아들어 다시금 불러도, 불러도 넘치지 않는 '엄

마'란 두 글자를 불러 안으며… 감히,

세상 모든 '여인' 천사와 같은 엄마들을 이름하여 일명 버림받은 허수아비라 칭하며… 엄마도 그러한 허수아비지. 부끄러운 눈빛 쓸어내리며 그동안의 졸필을 멎는다.

– 2012년 4월 25일 비바람 지나는 밤길에서…

낙화

잠 못 이뤄 뒤척이는 창밖에
보고픈 그 무엇이 어른거린다

슬며시 일어나 문을 열고 나가니
뜰 앞 앵두나무에 때 아닌 눈이
그처럼 하염없이 휘날리고 있는 것이다

홀로 지는 것만을 생각한다는 것은
참으로 애달프기 그지없는 심연이나
저 순백으로 흩날리는 것들이
이 순한 시간 나 하나의 위안이라면
그것은 아마도 그리움일 게다

생애 꽃이 좋아 꽃을 즐겨 수놓았으랴
하해 같은 아픔을 꽃 가슴에 묻어놓고
꽃처럼 피었다 꽃잎처럼 져 버린…
아, 이제 다시는 꿈결에도 아니 뵈고

불러도 대답 없어 애간장만 삭이어나는
그 슬프고도 안타까운 나의 고향일레라…

상기 잃은 언덕에서의 여인, 그 사그라져 가는 숨결이던가…

부모은중경 10계와 어머니 은혜를 부르며...

부모은중경父母恩重經 10계

1. 나를 잉태하시고 시켜주신 은혜
2. 나를 낳으실 때 고통을 겪으신 은혜
3. 자식을 낳으시고 모든 고통을 잊으신 은혜
4. 쓴 것은 자신이 삼키고 단것만 먹이신 은혜
5. 나는 마른자리에 자신은 진자리를 택하신 은혜
6. 때맞추어 젖을 먹여 길러주신 은혜
7. 더러운 것을 닦아주고 빨아주신 은혜
8. 먼 길을 떠날 때 걱정해 주시는 은혜
9. 자식 위해 나쁜 업도 마다하지 않으신 은혜
10. 늙어 죽을 때까지도 불쌍히 여기시는 은혜

❦ 어머니 은혜

나실 제 괴로움 다 잊으시고
기를 제 밤낮으로 애쓰는 마음
진자리 마른자리 갈아 뉘시며
손발이 다 닳도록 고생하시네
하늘 아래 그 무엇이 넓다 하리오
어머님의 희생은 가이없어라

사랑하라 꽃을
세상 모든 꽃은 열매를 맺고 그 열매를 위하여 존재하다
그 열매로 인해 수만 상처의 대명사로 서서히 빛바래며
어둠에 흩날림이니…

제2장

여인의 글

이 그림은 여인이 공책에 글을 쓰기 전 그려놓은 것이다.
무한 상상의 세상에 활짝 피어나고 싶었던
자신의 자아를 표출하고 싶지 않았나 싶다.

1

나는 어느 날 나물을 캐러 어느 한 계곡을 따라가다 배낭을 벗고 바위에 앉으니 발밑에 홀연 물은 고요히 흘러가고 물속에 담긴 달이 날보고 웃는구나. 명월아 비웃지 마라. 한 많은 이 가슴 너 보기가 부끄럽구나.

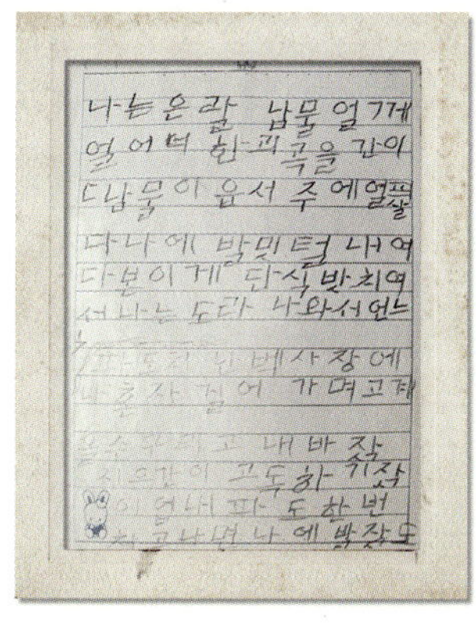

※ 이 글은 아마도 여인이 깊은 산속에 들어가 나물을 캐다 해는 지고 몸은 지칠 대로 지쳐 피곤한 나머지 흐르는 골짝 물가에 나물 보를 내려놓고 발을 담그고 쉬다, 언뜻 물에 비친 달을 보고 자신의 처지가 너무나도 초라하게 여겨져 나열한 것 같다.

2

나는 어느 날 나물을 캐러 어느 한 계곡을 가니 나물이 없어 주위를 살피다 발밑을 내려다보니 계단식 밭이어 돌아 나와 어느… 파도치는 백사장을 나 혼자 걸어가며 고개 숙여 내 발작을 보니 고독하기 그지없네 파도 한 번 치고 나면 내 발자국도 없으리라…

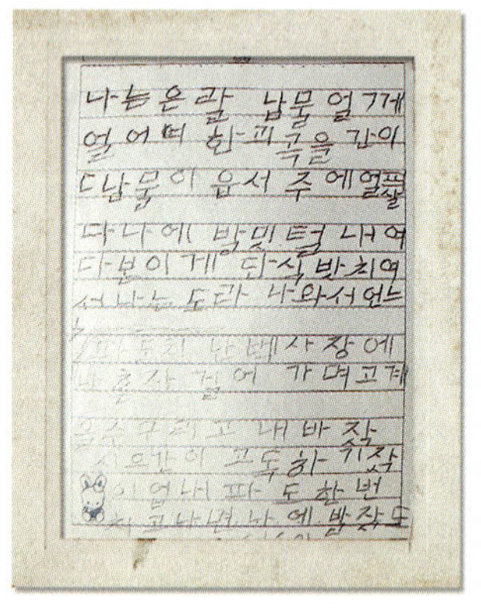

※ 파도치는 백사장을 보아, 여인은 아마도 어느 산골짝이나 강가 화전밭으로 나물을 뜯으러 갔다가 나물도 없고… 모래밭을 걸으며 타박타박 걸어온 자신의 발자국을 돌아보니 너무도 허무함에 삶과 죽음을 그려본 듯하다.

3

명월이 만건곤하니 한 잔 술이 어떠하리
두 팔로 베개하고 눈 감으면 잊으리라
백설이 만건곤하니 매화가 필 듯 말 듯하여라.

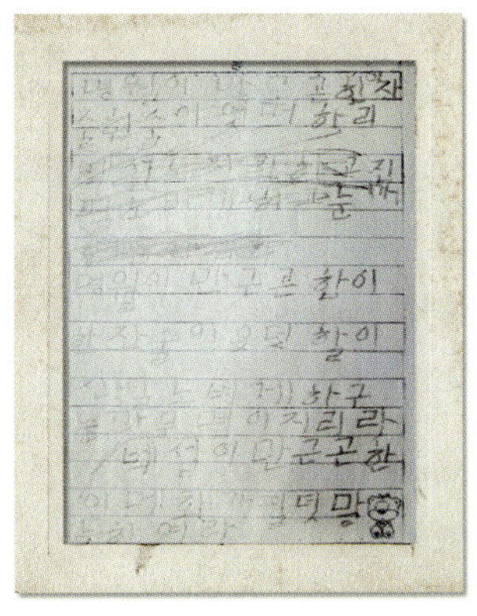

※ 아마도 여인은 어려서부터 글쓰기 시조에도 뜻이 있었나 보다. 명월이 만건곤하니, 술 한 잔에 시름을 잊고… 백설이 천지에 가득하니 봄이 늦다… 두 팔로 베개하고 눈을 감는다. 자신의 삶이 그렇게도 고단하고 험난하니 더욱 외로움에 몸부림침이 아니었나 하는 생각이다.

4

들꽃 피는 풀밭 길을 나 혼사 걸어가니 초목이 눈여겨보네. 바람 한번 불고 나면 내 발자국도 흔적이 없음인데 괴로워도 참고 가자, 역겨워도 참고 가자, 힘들어도 참고 가자, 참다 보면 끝이 있겠지….

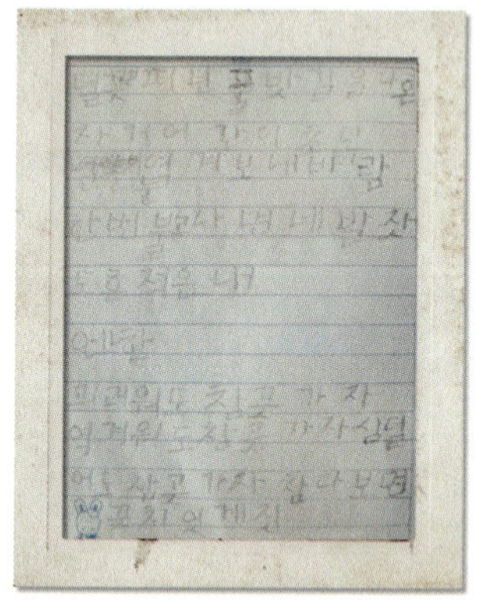

※ 모두는 즐거운데 혼자만이 처절한 길을 가다 보니 이웃이란 오로지 초목이요 죽음이요… 참다 보면 끝이 있겠지… 남편도 없고, 자식들은 어리고 여인은 수많은 사연 속에 그 누구에게도 말 못할 고통을 스스로 감내하며, 그러나 자식들이 성장하면 좋은 날도 있겠지 한 가닥 희망이었으리…

5

숨 가쁜 고갯길 나 홀로 넘다가 풀밭에 홀로 앉아 이 저, 만생각하니 부모형제 어디 가고 나 혼자 눈물만 흘러 주먹으로 눈물을 닦고 나니 한숨밖에 안 남는데 하늘이 고독한가 이 몸이 고독한가.

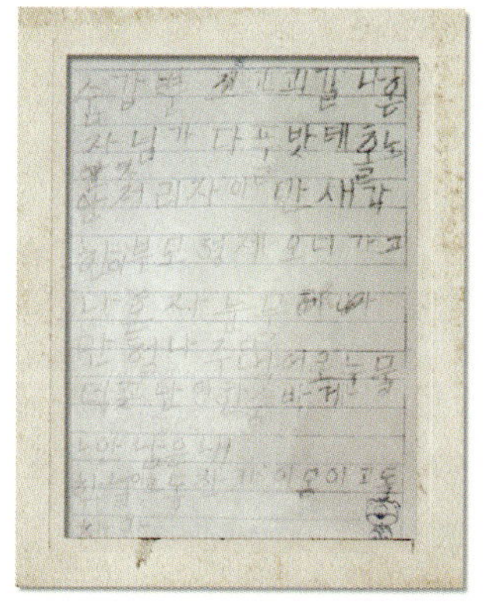

※ 그랬으리, 일찍 시집을 와 남편도 잃고 어린 새끼들 굶기지 않으려고 허덕이다 주저앉아 생각하니 친정의 부모형제 또한 얼마나 보고 싶었으리. 하여 하늘 아래 홀로 눈물만이 한 점 위안임을 암시한다.

6

파도치는 백사장을 고개 숙여 걷노라니 파도 한번 치고 나면 발자국도 지워짐을…

숨 가쁜 고갯길을 나 혼자 걸어가다 길가에 주저앉아 이 일 저 일 생각하니 우리 형제 어디 가고 나 혼자 울고 있나 눈물을 주먹으로 씻고 나니 한숨만 남는데 들꽃 핀 풀밭 길을 그 또한 홀로 가니 초목들이 다시 보네 바람 한번 불고 나면 내 발자취도 없을 것을…

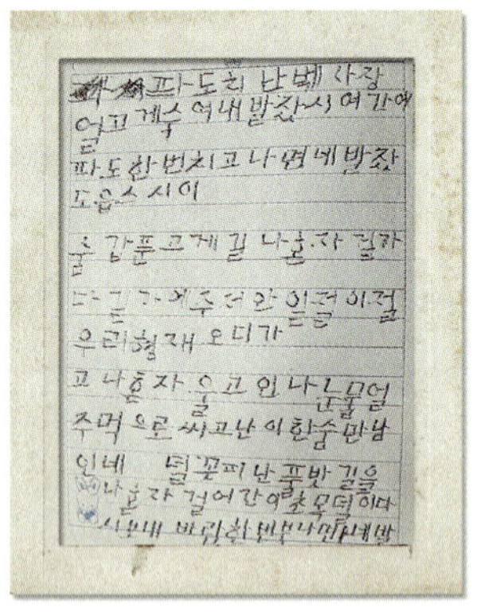

파도치는 백사장
업고 게수 여내 발잣시 여간여
파도한번치고나면네발잣
도읍스시이
숨갑픈고게길 나혼자 걸가
다 길가에주저안잔 이걸 저걸
우리형재 오디가
고 나혼자 울고 읻나 눈물얼
주먹으로 씨고난이 한숨만남
인네 들꽃피난 풀밧 길을
나혼자 걸어간에 초목덜이다
시보네 바람한번불나면네발

※ 이 글로 보아 여인은 전편의 모든 마음을 일축한 것 같은데 모두가 하나같이 혼자와, 고개 숙임과, 지워짐과, 형제를 그리는 마음이… 의지할 곳 없는 고독과 나약함. 그리고 견딜 수 없는 고난으로 생의 허무를 느끼며 언뜻 언뜻 삶을 포기하고 싶었던 심정을 억지로 참으며 살아가지 않았나 하는 생각에 눈물겹도록 가슴이 먹먹해진다.

7

어느 시골 농부가 한아름 들에 곡식을 심어놓고 새들이 먹을까 봐 허수아비를 논둑에 세웠는데 하루는 나가 보니 허수아비가 쓰러져 있어 농부는 허수아비를 일으켜 세우며 찢긴 옷을 매만져 입히고 테만 남은 밀짚모자를 다시 씌우고 매만져 주곤 했지.

'카시?' 이 바보야,

'농사' 곡식을 새가 먹을까 봐 허수아비를 세운 거야.

나도 아들이 있었는데…

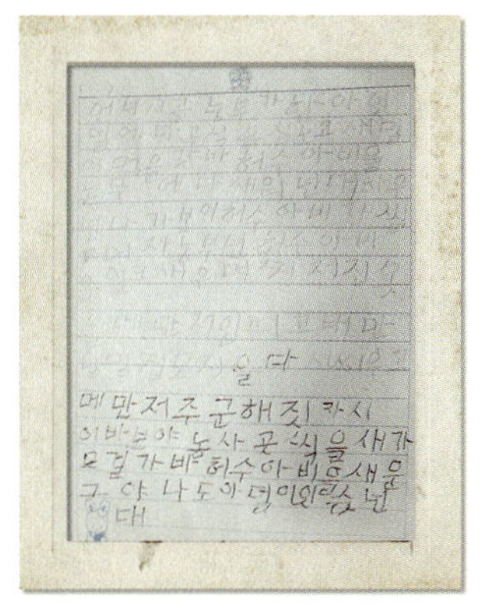

※ 위 내용으로 보아 사랑하는 따스한 마음이 충족되어 있음은 분명한데 '카시?' 나도 아들이 있었는데… 도저히 이해할 수 없는 의문이다. '카시' 그는 곧 다른 그 누구, 또는 대상이 뙈기밭 하나 없는 가난한 여인을 비웃는 모습이고, '나도 아들이 있었는데…' 이는 여인이 그 죽음 직전의 절박함으로 자식들을

키워놓으니 모두들 떠나고, 그 손녀들도 키워놓으니 또 그렇게들 떠나고 결국은 빈 쭉정이 늙은 몸 혼자가 되었을 때 문밖을 응시하며 행여 어느 자식이 찾아오나 하며 그리움을 달랜 것 같다.

아무튼 이로 인하여 그 여인의 막냇자식은 후일 글을 쓰니 그것이 『엄마는 허수아비』란 이 책이다.

8

고운 단풍잎
사람들이 보고 곱다 아름답다 하지만
잎이 지고 앙상한 나무 가지만 남아 있으면
누가 쳐다보고 아름답다 하리오
잎들이 떨어져 밟히고 부스러지고
어느 잎은 떨어져 바람에 이리저리
돌 사이나 나무 사이에서 종말을 맞겠지…

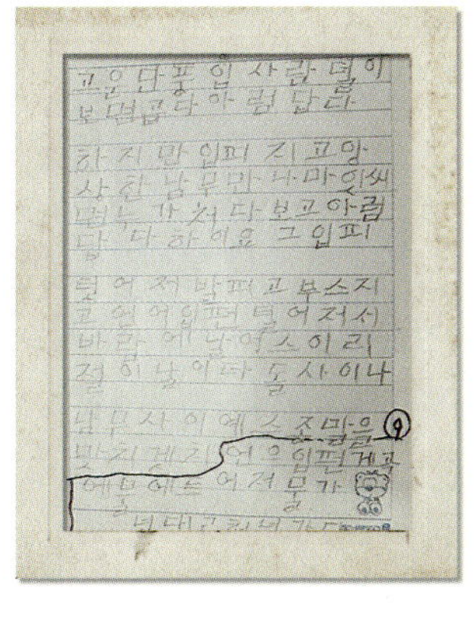

※ 생의 평범한 무상이다. 누구나 다 그렇게 왔다가 그렇게 가겠지만 여인은 젊은 날의 자신과, 늙어 이리저리 채이며 벗어날 수 없는 삶의 틀에 갇혀 허무하게 지워져야 하는 스스로를 그렇게도 애달피 노래하고 싶었던 것 같다.

9

1

어느 잎은 계곡물에 떨어져

물 가는 대로 흘러가다

곤두박질하며 어디론지 가다가

돌에도 부닥치고 숲에도 긁히고

부스러지고 종말을 마칠 거야…

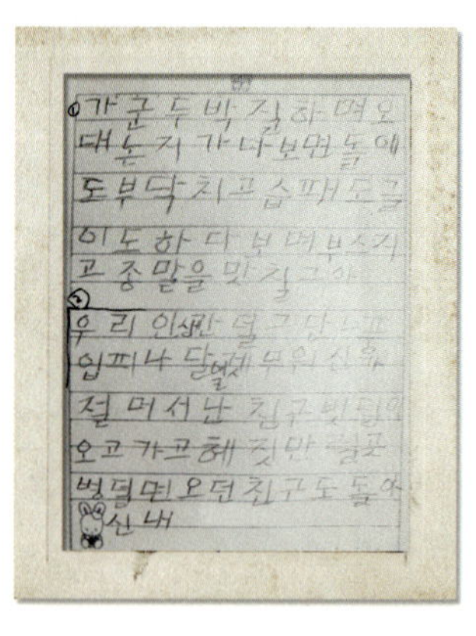

①가곤두박질하며오
대론지가다보면돌에
도부닥치고숩패도글
이도하다보며부스지
고종말을맛칠그야
②우리인생[illegible]
입피나[illegible]
절머서난친구[illegible]
오고가고헤짓만[illegible]
벙덤면오던친구도돌아
신내

※ 잎 피고 지고 부스러지고 종말, 종말… 죽음보다 더한 여인 자신의 삶에 절규를 그 누가 선뜻 힘주어 무어라 말할 수 있으리. 때와, 글과, 환경을, 그려보며 가슴이 먹먹해진다.

2

우리 인생도 단풍잎과 다를 게 무엇인가
젊어서는 친구들이 오고가고 했지만
늙어 병들면 오던 친구도 돌아서네

※ 늘 우리가 일상에서 겪는 평범한 일이다.
친구는 고사하고 일가친척 자식들도 그러할 터.
아마도 여인은 스스로의 체험을 그리고 싶었던 것 같다.

10

메밀꽃이 질까 봐

신문 한 귀퉁이에다 접어놓고

옷자락을 접어 맡아 보니

메밀꽃 향기가 안 난다.

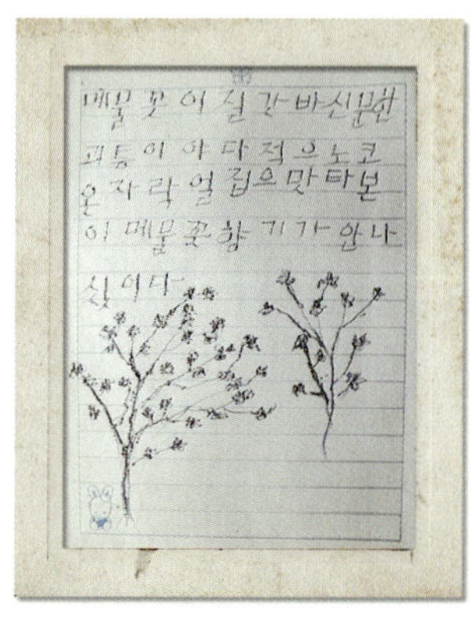

※ 메밀꽃이 '질까 봐' 아쉬움과 안타까움…
신문 한 귀퉁이에다 따놓고 향기를 맡아 보니 아무런 냄새도 없다. 여인은 사물의 삶과 죽음과, 그리고 자신이 살아 있지만 죽음과 같은 존재를 꽃의 향기에 비유하고자 한 것 같다.

11

혼은 '나는' 무척 가슴이 아파 견딜 수 없어 허전한 마음…

우리 인간들도 자녀들 기를 적에 어느 자식 추울세라 어느 자식 고플세라 소문 없이 말없이 애지중지 기를 적에 온갖 힘 정열 다 안기고 나면 어버이들은 하얀 뼈 가죽만 남듯이 메밀대도 인생과 다르지 않더라…

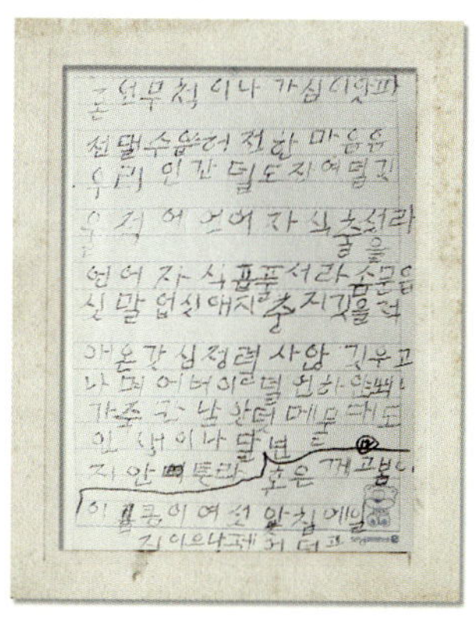
혼은무척이나 가심이압파
전딜수읍어 저한 마음유
우리 인간 덜도 자여 덜 기
우 적 에 어어 자식 추울서라
언어 자식 고풀서라 소문읍
신 말 업신 애지 중 지 기(를) 적
애 온갓 심 정렬 사안 기우고
나 며 어버이 덜 언 하얀 뼈
가죽 만 남 은 더 메무 대도
인 생 이나 달르
지 안 터 리 혼은 개고 봄
이 흠 이 여 선 알 칠 메일
지 이으나 그레 여 더 고

※ 메밀을 베어다가 알을 털고 하얗게 부서진 대를 바라보며 자식들을 키우고 난 부모들의 모습, 그 허수아비 같은 허무를 여인은 그렇게도 간절히 그리고 싶었으리….

12

호는 '혹한을' 깨고 봄이 성큼 이어서
아침 일찍 일어나 펜을 들고…
생이 대나 무엇이 다르겠나
자식은 모정이요 부모는 말이 모정
불쌍한 메밀대와 농부들이 가엾은데
메밀을 베어다가 도리깨로 두드리면
메밀대는 부서져 가루가 되어 바람에 날아가고 열매만 남겠지
불쌍한 메밀대 혼은 그 어디인가
한없이 불쌍한 메밀대야…

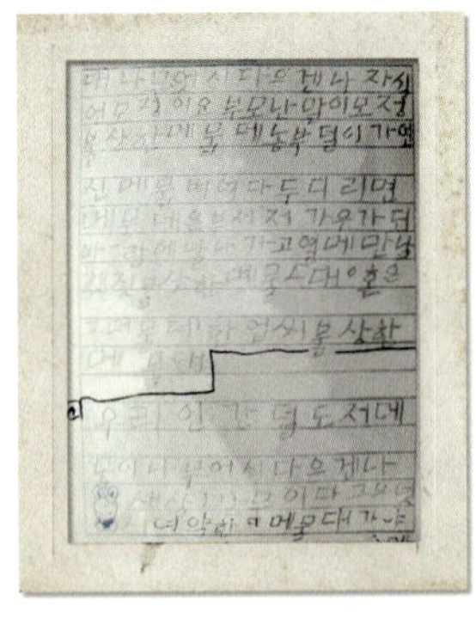

※ 여인은 메밀과 메밀대로 부모자식, 또는 농부, 또는 '호는' 나는, 자신의 고독한 내면의 세계를 표현하고자 함이 아니었나 하는 생각이다.

13

우리 인간들도 저 메밀대와 무엇이 다르겠나.

세상 만물이 다 그러하듯… 연약한 메밀대가 가여운데, 속은 비고 파란 대가 심과 끝만 남아 조금만 건드려도 부러질 듯이 온갖 힘을 쓰다 보니 메밀대가 부러지도록 정열과 사랑으로 가지 하나 부러질까 열매 하나 떨어질까 애지중지하다 보니 메밀대는 힘이 없어 쓰러질 듯이…

그것이 부모의 정일까…

인간들도 자녀를 길러 어느 자식은 출세하고 어느 자식은 배고플까 소문 없이 말없이 기르고 나면 앙상한 뼈만 남지….

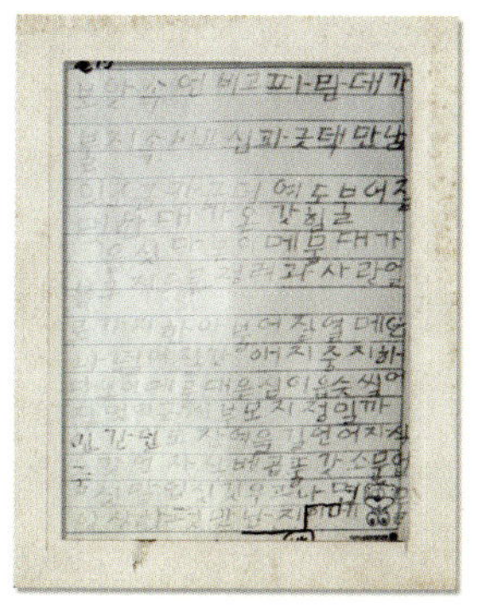

※ 그랬다. 여인은 인간의 삶, 아니 자신이 자식들을 기르며, 또 손녀들을 기르며 걷잡을 수 없는 고통과 고난을 메밀과 메밀대와, 허수아비로 그리며 결국은 소리 소문 없이 지워진다는 사실에 허무를 느꼈던 것 같다.

14

메밀꽃 공간에는
빨간 고추잠자리 어디 갔다 돌아오고
호언은 눈을 감고 누워서 생각하니
방울방울 젖는 눈앞에 아롱져
호언은 눈을 털고 보니 하얀 '?' 머물다 가고
고추잠자리도 어디로 가고 메밀대만 있어
혼은 일어나 메밀을 보니 쭉쭉 뻗은 가지에
소복소복 옹기종기 열매, 그 많은 가지 헤아릴 수 없어…

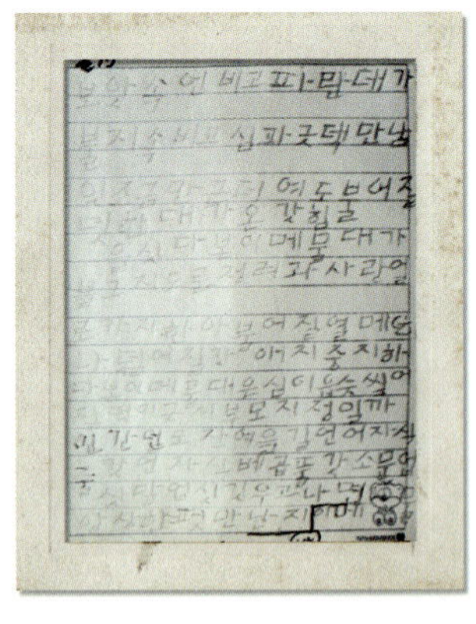

※ 아름다운 세상 공간에 자식들을 잃고 그 슬프고도 아픈 심정으로 헤매던 지난날의 잔상과 그렇게 찾아놓으니 또 떠나야 할 수밖에 없는 자식들… 그리고 홀로 남겨져야 할 수밖에 없는 '여인' 스스로의 고독을 애달파하며 그래도 꿈은 늘 자식들과 함께 오순도순 살고 팠던 마음을 표현하고자 하지 않았나 하는 느낌에 가슴이 저며 온다.

15

혼은 메밀대 조그마한데
벌은 두 날개 팔락이며 고운 목소리로 윙윙하며
이 꽃 저 꽃에 앉아 무어라 하고 또 다른 꽃에 앉고
호언 무척이나 황홀해서 세상만사를 잊으려고
풀밭에 누워 고추잠자리가 어디로 가나 하고
고추잠자리 노는 곳을 바라보니
하늘은 새파란 회색빛이었고 땅에는 하얀 메밀꽃이여…

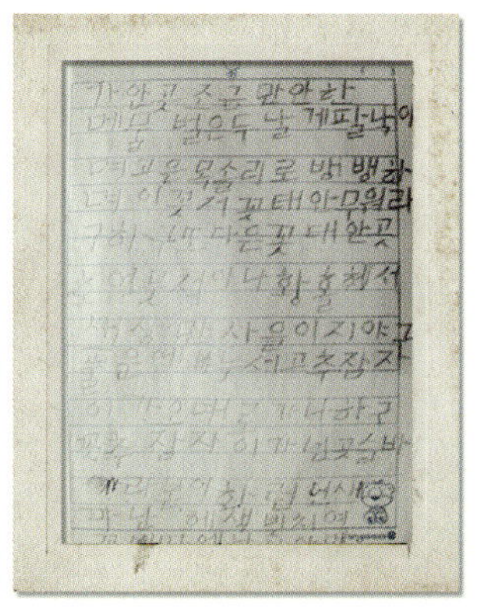

※ 꽃과 벌과 고추잠자리의 노니는 광경과 글자 그대로 포로모리(연무현상, 연둣빛) 하늘과 메밀꽃… 그리고 자신이 그 공간에 누워 하늘과 세상을 바라보는 느낌을 그 어느 시인이 있어 이처럼 고운 서정을 가슴에 담을 수 있으리….

16

혼은 나물을 캐러 어디로 가니
메밀밭이 있어 그곳으로 가보니
하얀 메밀꽃에 빨간 고추잠자리가 어디서 왔는지
메밀꽃에 앉았다 날다 날아갔다 다시 와
고운 날개로 메밀꽃을 포근히 감싸고
다시 앉았다 날아 또 다른 꽃으로…

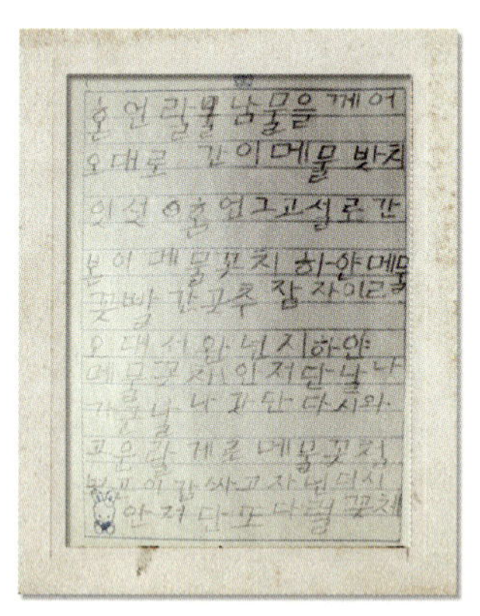

※ 14, 15, 16 모두가 한 맥의 글 같은데 묘사와 비유의 기법이 조금 상이한 것 같다. 아무튼 여인은 소녀와 같은 서정이 일어 그 무언가 아름다운 풍경을 그리고 싶었으나 글은 안 되고… 아, 얼마나 가슴이 답답했을까… 하여 그림을 그리기 시작한 것 같으며 여기서 '오언' 또는 '혼은' 글마다 쓰이는데 아마도 그것은 '여인' 자신을 비유한 것이 아닌가 생각된다.

17

심줄과 끝 줄기만 남아
조금만 건드려도 쓰러질 듯한 메밀대야
어떻게 머리에 다 이고 어떻게 일어설까
온갖 힘과 정열을 다하여 결실을 보니
불쌍한 메밀대가
한없이 불쌍하고 가여워
혼은 견딜 수 없이 마음이 아파
정말 견딜 수 없다…

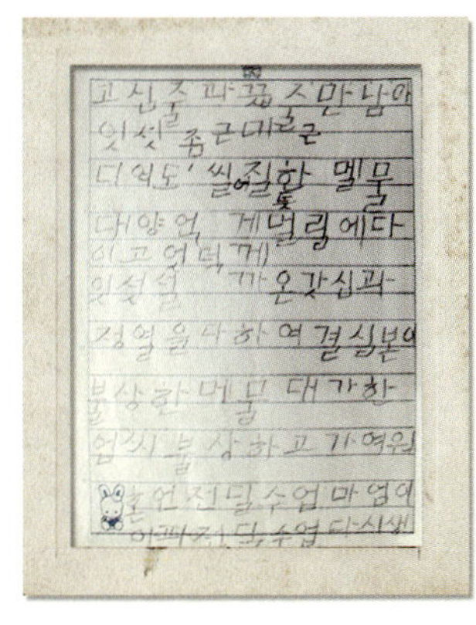

※ 여인은 쓰러질 듯한 가녀린 메밀대에 그 많은 메밀이 달려 있는 것을 바라보며 자신이 힘겹게 자식들을 키워 옴을 부각시키고도 싶었고, 또 그 자식들이 성장하고 자신은 늙어 그 어느 자식 하나 자신의 위안이 아님에 가슴 아파 그 토록의 쓸쓸함이었던 것 같다 .

18

세상사를 탓해도 나 갈 때는 없고나.

차라리 용문산 안개나 되어 바람 타고 어디론지 가고 싶다.

세상 천하 나 같은 인생이 또 있겠나.

죽도 살도 못하고 옷 보따리 옆에 끼고 시골로

울고 다니는 신세 어디로 가야 하나.

까막까치도 해가 지면 둥지를 찾아가건만

나는 어디로 가야 하나. 나는 저 달팽이만도 못한…

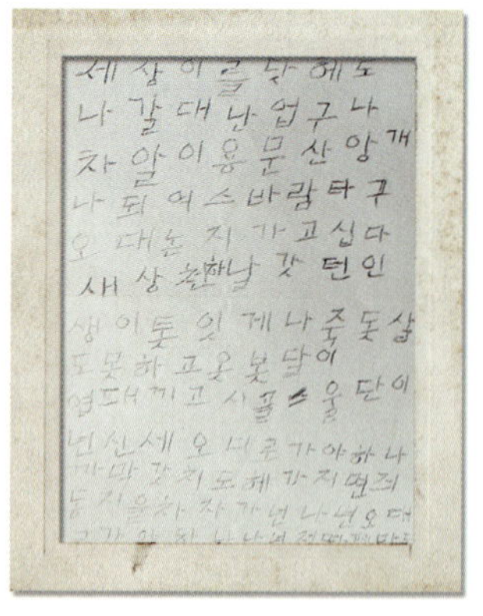

나 갈대 난 업구나
차알이 용문산 앙개
나 되어스 바람 타구
오대논지 가고 십다
새상 천하날 갓던인
생이 또 잇게나 죽도 살
도 못하고 오 봇닥이
엽대 끼고 시골스 울단이
넌 신세 오디로 가야 하나
까막 갓치도 해가 지면

※ 아마도 이 글은 여인이 2002년 5월, 서울 큰자식네에서 원주 막냇자식네로 오며 기어가는 달팽이를 바라보며 자신의 처지를 생각하며 그 어느 자식에게 의지할 곳도 없어 떠도는 자신의 신세가 너무나도 처량하기 그지없어 견딜 수 없는 심정을 토로한 것 같다.

19

나라는 존재는 무엇이기에 한평생을…

이것이 인생인가
나의 생을 그려보자
나는 한평생을 고통과 눈물로
한세상을 보낼 적에…

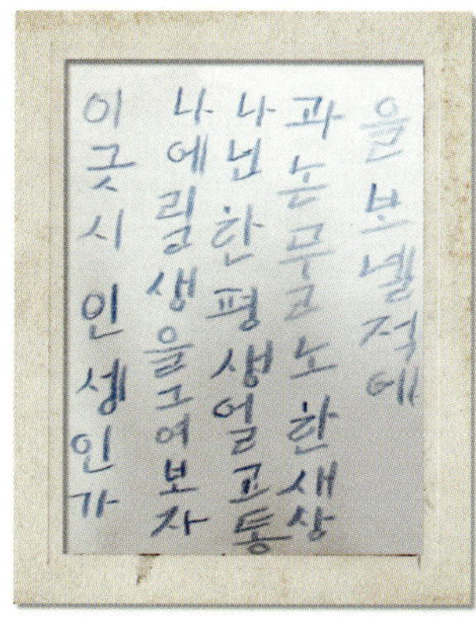

※ 고통과 눈물로 한세상을 보낼 적에…. 그 어디, 누구 하나 의지할 곳 없는 망망대해의 일엽 같은 자신의 가여운 처지를 표현하고 싶음이 역력하다. 그랬다. 그토록 험난한 길을 걸어오며 애간장이 타들어 숯덩이가 되어도 그 어느 자식이 후일에도 그 자신의 마음 한 점 헤아려 가슴에 안으리….

20

북에서 놀던 짝 잃은 기러기

새벽 찬바람에 울고 가니

※ 짝 잃은 기러기…

전쟁을 맞아 피난생활을 하며 남편도 없고, 자식들도 떠나고 '여인' 자신이 그 엄동설한 같은 고통에 무방비로 쓰러져야 할 수밖에 없는 처절함을 표현하고 싶었으리….

21

청초는 무성한데
홍안은 어디 두고 눈물을 말하는고
홍안이 백발이요 백발이 눈물일세

눈꽃 피어도 꽃 천하 아니니 나무에…

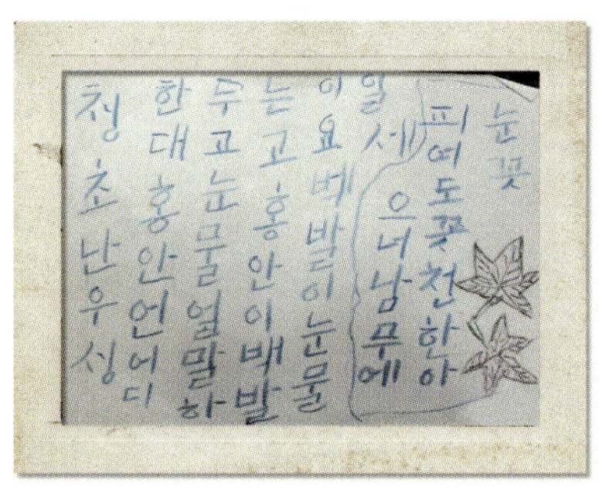

※ 젊음은 한창인데 눈물이라니. 젊음이 늙음이요 늙음이 곧 눈물과 설화같이… 사람은 사람인데 사람 같지 않은 사람은 자신이며 세월은 바람 같고 생은 잠시 머무는 무상임을 뜻한 것인가…

22

세상이 야릇하다 어떤 사람은 행복하다 하는데
나는 어찌하여 한평생을 고통과 눈물과 한세상을 살다 보니
머리는 백발이요 몸은 힘도 없고 용기도 없고
눈물도 메마르고 이제 남은 것은 한숨뿐이라…

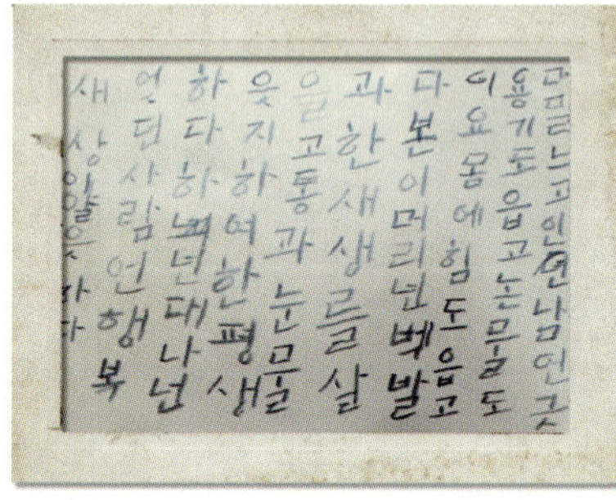
새상이얄읏하다
언던사람언행복
하다하년대나넌
웃지하여한평생
을고통과눈물
과한새상을살
다본이머리넌백발
이요몸에힘도읍고
용기도읍고눈물도
마르느고인제남언곳

※ 그렇다. 비운이라 하기엔 너무나 기구했던 한 여인의 실의에 지친 삶. 그 삶을 여인은 허무에 비유하며 점점 늙어 쇠약해져 가는 자신의 가시고기 같은 육신을 돌아보며 한평생 누구를 위한 존재였는가를 엿본다. '여인' 스스로는 그 무엇도 돌아볼 새 없이 오직 자식과 손녀들을 보듬다 사라져 가야 하는 기로의 운명에서 여인은 비로소 존재란 자체가 유무상임을 음미한 것이리….

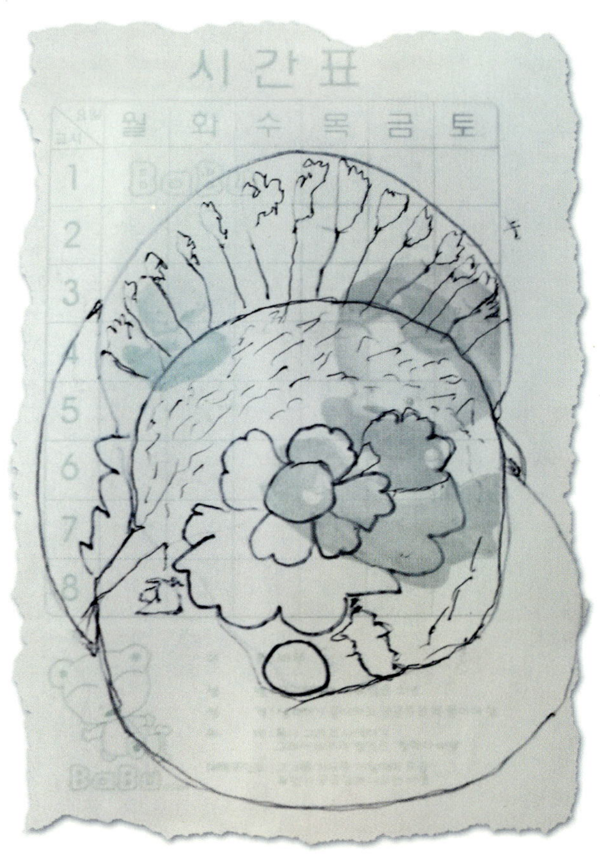

그림, 그 정교한 모든 형태가 여인 그 자체이련가…

23

앞쪽의 그림 역시 앞 그림과 비슷한데 확대해 보면 여인은 그처럼의 얽매인 삶의 테두리 안에서 벗어나 자신을 한층 승화시키고 싶었던 몸부림이 역력하다.

자신의 애환을 글로써 표현하고자 그토록 몸부림이었으나 배움이 가작이라 글이 잘 안 되니 글을 놓으며 다시 그림으로 맺힌 마음을 풀까 그림을 그리기 시작한 것이다. 책갈피마다 함께하는 그림, 그 정교한 모든 형태가 여인 그 자체의 분신이다.

그렇듯 예나 지금이나 이 세상 이 땅 위엔 허수아비같이 버림을 받으면서도 오직 자식에 대한 믿음과 사랑으로 그 누구에게도 말 못할 사연을 가슴 깊이 간직한 채 잠시 일었다 꺼져가는 모정들…

아, 그 어느 만(萬), 만의 천사들이 있어 이러한 허수아비 여인들만 하리오….

제3장

뻐꾸기 우는 사연

–후일 그 여인의 자식이 그린 짤막한 동화 1

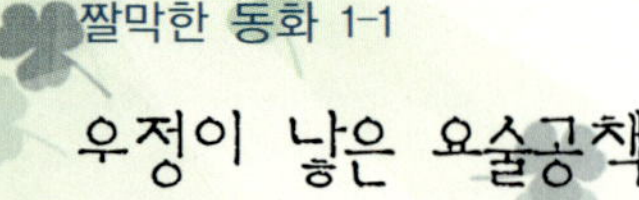

짤막한 동화 1-1

우정이 낳은 요술공책

초등학교 1학년인 슬기에겐 꼭 이루고 싶은 한 가지 소원이 있습니다. 전쟁과 병마로 엄마 아빠를 모두 잃고 이웃의 아줌마 아저씨네 집에서 더부살이로 얹혀살며 함께 학교에 다니던 다리 불구의 서희라는 친구가 있습니다. 같은 반 단짝이었던 그 아이는 어느 날 나물을 뜯으러 산에 갔다 발을 헛디뎌 구르는 사고를 당해, 엎친 데 덮친다고 가는귀를 먹고 희미하게 시력장애까지 입어 학교를 다닐 수가 없게 된 것입니다.

그러한 서희를 만날 때마다 슬기는 어떡하면 서희가 다시 밝은 세상을 잘 보고 들을 수 있으며 예전처럼 학교에 함께 다닐 수 있을까 하는 생각으로 꽉 차 있습니다. 그리하여 슬기는 매일 남모르게 하늘과 땅에 기도를 합니다.

'하늘님 땅님, 서희가 다시 세상을 잘 보고 잘 들으며 힘껏 달릴 수 있게 해주세요….'

그러던 어느 날, 체육시간이라 반 아이들은 모두 운동장으로 나가고, 슬기는 당번이라 교실 정리를 하다 책상에 엎드려 깜박 잠이 들었습니다. 그때 할아버지 한 분이 슬기 앞에 나타났습니다. 슬기는 그 할아버지께 물었습니다.

"할아버지, 할아버지! 어떡하면 서희가 다시 세상을 잘 보고 잘 들으며 한껏 뛰어놀 수 있을까요?"

할아버지는 빙긋이 웃으시며,

"음, 할 수야 있지. 하지만 무척 힘들 텐데…."

슬기는 다시 할아버지에게 애원하듯 부탁을 합니다.

"할아버지, 서희를 위해서라면 무엇이든 힘들어도 하겠어요. 그러니 꼭 좀 가르쳐주세요. 네, 할아버지!"

할아버지는 한참을 망설이더니,

"그래 그럼, 내 착한 슬기의 부탁이니 들어주긴 한다만… 하지만 정말 슬기가 해낼 수 있을까? 하다가 싫증난다고 중도에 쉬거나 포기하면 모든 것이 허사가 되는데, 그래도 할 수 있겠니?"

"네 할아버지, 꼬-옥 해낼게요!"

할아버지는 마지못한 듯,

"슬기야, 그럼 이 약속은 서희가 다 낳을 때까지 너와 나 외에 그 누구에게도 절대로 말해선 안 된다, 알았니?"
하시며 초등학교를 졸업할 때까지 하루도 쉬지 말고 매일 100개씩 허수아비를 그리라고 합니다. 그러면 그 허수아비들이 살아온 세상으로 날고 서희의 몸은 씻은 듯 나을 거라고…. 그리곤 '펑' 하더니 할아버지는 어디론가 사라져 버립니다.

슬기는 앗! 하며 잠에서 깨어 이마에 흐르는 땀을 닦으며,

'이상한 꿈이야… 그리고 그 할아버지는 누구실까? 또 하루도 빠짐없이 허수아비를 100개씩 꼬박꼬박 그리라고?'

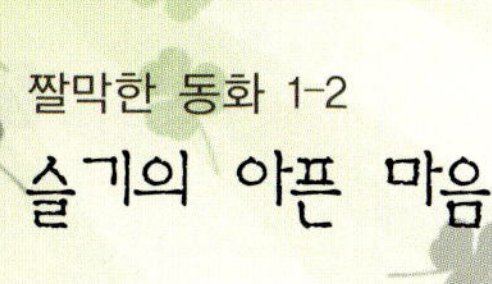

짤막한 동화 1-2

슬기의 아픈 마음

슬기가 자리에서 일어나 창밖을 바라보니 키 큰 미루나무들이 운동장 가장자리를 빙 두르고 서서 파란 손을 팔랑이는 그 안에서 아이들은 편을 갈라 축구도 하고, 줄다리기도 하며 재미있는 시간을 보내고 있습니다.

슬기는 다시 자리로 돌아와 앉으며,

'하루에 100개씩 허수아비를 그리라고? 그러면 서희가 잘 보고 잘 들을 수 있으며, 저 아이들처럼 마음껏 뛰어놀 수가 있다고? 정말 그렇게 될 수 있을까? 설마 할아버지가 거짓말을 할 리는 없고, 아무튼 해보는 거야. 서희를 위해서라면 어떠한 어려움도 참고 꼬–옥 해내고 말 거야….'

슬기는 그때부터 열심히 허수아비를 그리기 시작합니다.

그러한 슬기의 마음을 모르는 서희는 슬기가 등하교를 하는 길목에 살고 있었는데 언제나 슬기가 학교를 오가는 시간이면 막대기로 더듬더듬 대문 밖에 나와 있다가, 슬기가 "서희야!" 하고 큰소리로 부르면 서희는 깜짝 놀라며, 슬기가 잘 보이기라도 하듯 이내 환하게 웃으며 재잘거립니다.

“슬기로구나, 학교 가니? 몸조심하고 내 몫까지 공부 잘해!” 하며 마치 언니나 엄마처럼 맞아주곤 합니다.

그때마다 슬기는 서희의 귀를 끌어다,

“그래 서희야, 나 학교 가는 길이야. 이따 보자.”

하며 서희가 너무도 불쌍하고 가엾어 자꾸 눈물이 납니다. 다른 아이들은 모두가 학교를 다니며 즐겁게 뛰어놀고 공부하는데 서희는 그러지 못하고, 엄마 아빠도 없고 아줌마 아저씨 내외가 일을 나가면 혼자 남아 그 망그러진 몸을 스스로 지탱하며 외로운 나날을 지내고 있기 때문입니다.

그랬습니다. 사실 그렇게 서희는 늘 아무렇지 않은 듯 명랑해 하지만 실은 엄마 아빠도 보고 싶고 또 스스로의 처지가 너무도 가엾어서 가끔은 슬기에게 부탁하여 자신의 엄마 묘소를 찾아가 양팔을 벌려 얼싸안고 흐느껴 울곤 합니다.

‘예전 같으면 먹을 것을 들고 혼자라도 자주 찾아갈 착한 아이인데….’

그때마다 그러한 서희의 모습을 바라보며 슬기도 아빠가 보고 싶어 마음이 찡해져 눈물이 나지만 그래도 자신은 엄마가 있기에 서희보다 낫다는 생각에 아무렇지 않은 듯 기다리고 있다가…,

“서희야, 실컷 울었니? 이제 마음이 좀 풀려? 가자 집에….”

“응 그래, 슬기야, 고마워…. 그리고 늘 이렇게 너를 힘들게 하는 것 같아 미안해….”

“미안하긴 뭘…. 서희야, 난 너의 마음을 충분히 이해할 수 있는 친구이거든…. 그러니 미안해하는 마음일랑 갖지 마, 알았지….”

그렇게 둘은 언제나 다정하였고, 집으로 돌아온 서희는 스스로의 마음을 다독이며 꼬박꼬박 일기를 쓰곤 합니다.

‘엄마, 그래도 엄마 딸 서희의 내일은 푸름이 가득하겠지?’

이승과 저승

묘소에 엎드려
'엄마! 나 왔어,
엄마! 엄마!'

엄마는 못 들으셨는지
대답이 없고
나물을 뜯으러 가셨나
다시금 큰소리로
'엄마! 나 왔다고,
엄마 딸 서희 왔다고!'

그제야 깊은 잠 깨시어
'그래, 우리 서희 왔니,
서희 왔어.'
다정히 반기시는데

나 들을 수 없고

엄마 내 목소리 들을 수 없는
빛과 어둠의 그 머나먼
다른 세상 다른 나라…

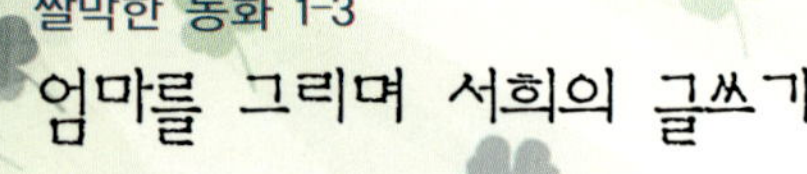

짤막한 동화 1-3

엄마를 그리며 서희의 글쓰기

오늘도 슬기는 수업을 마치고 늦게까지 교실에 남아 허수아비를 그리다 밤이 어둑어둑 날개를 펼 무렵 집으로 돌아오는데, 서희는 여느 때처럼 문밖에 나와 슬기를 기다리고 있었습니다. 슬기가 살금살금 다가가 톡 건드리니… 깜짝 놀라며,

"아, 슬기로구나. 이제 오니? 그런데 오늘은 많이 늦은 것 같구나?"

"응, 그래 좀 늦었어. 앞으로는 더 늦을지도 몰라. 그러니 이제 이렇게 나와서 나 기다리지 마, 알았지?"

하지만 서희는 잘 듣지를 못하는지라 하루 종일 자신의 마음속에 담아놓았던 말만 종알거립니다.

"슬기야, 오늘은 학교에서 무슨 공부를 했니? 진호, 은희, 다영이 모두들 학교에 잘 나오겠지? 아 참 슬기야, 너와 내가 뛰어놀던 학교 앞 동산에는 아카시아 꽃이 피었니? 아까부터 아카시아 꽃향기가 모락모락 코를 간질이니 말이야…."

슬기는 서희의 귀에 입을 바짝 대고,

"그래, 서희야, 지금 함빡 피어 흩날리고 있어…."

"아, 그렇구나. 어쩐지… 그래서 슬기야, 아까 그 아카시아 꽃

향기가 마치 예전에 우리 엄마의 포근한 내음 같아 글을 써 봤는데 네가 좀 봐줄래?"

그러면서 서희는 삐뚤빼뚤 쓴 자신의 글을 슬기 앞에 내놓습니다.

아카시아꽃

어디 계시온가요
살펴봐도 아니 보이는데

그윽이 다가온 향기
콧등에 앉았다
내 안을 파고들어
온몸을 촉촉이 적시어요

밤
밀려가고
실안개 몽실몽실
피어오르는 새벽

엄마의 영혼 머물다
살포시 떠나간 자리
그리움의 눈물
송이송이 눈꽃송이 되어
마냥 소복소복 쌓여 있어요

엄마 생각

반짝반짝 은물결 시냇물 따라
남실남실 춤추며 바다로 가면
끝닿은 하늘나라 오를 수 있을까
거기엔 엄마가 살고 있는데…

깜박깜박 졸고 있는 별님들 몰래
동 동 동 달빛 타고 날아오르면
살포시 엄마 품에 안길 수 있을까
새근새근 엄마 품에 잠들고 싶은데…

그렇게도, 그렇게도 꿈속이 아닌
눈 뜨면 언제나 엄마와 함께
나물 뜯고 소꿉 놀며 반짝였으면
오순도순 속삭이며 오래였으면…

※ 가끔 그렇게 서희는 글을 써 슬기 앞에 내놓으며 다듬어 달라고 합니다. 그때마다 슬기는 서희가 눈만 안 다쳤어도 얼마나 글을 또박또박 예쁘게 잘 쓸 수 있을까 하며 더욱 마음이 아픕니다.

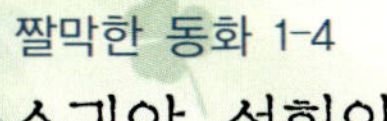

짤막한 동화 1-4

슬기와 서희의 눈물

토요일 오후입니다. 슬기는 일찍 학교수업을 파하고 오늘은 그동안 허수아비를 그린다, 뭐한다 하며 집안일에 소홀하였다는 생각에 엄마를 도와 집안 청소를 말끔히 해야겠다고 발길을 재촉합니다.

그런데 서희네 마당에서 왁자지껄 아이들 떠드는 소리가 납니다. 웬일인가 싶어 얼른 뛰어가니…,

“얼레리꼴레리, 이 서희는 엄마도 아빠도 없고, 걷지도 보이지도 듣지도 못하는 고아래요!” 하며 아이들이 서희를 가운데 두고 강강술래를 돌며 놀리는 것입니다.

서희는 그 안에 폭 주저앉아 엉엉 울음을 터트리고….

슬기는 자신도 모르게 “얘들아, 무슨 짓이야!” 소리를 버럭 지르고, 아이들은 깜짝 놀라 뚜르르 달아나고….

슬기는 서희를 부둥켜 앉고 둘은 한동안 흐느낍니다.

한참을 그렇게 울음을 쏟아내다 슬기는 서희를 일으켜 마루에 데려다 앉히며,

“그러게 서희야, 내 뭐랬어. 문밖에 나와 나 기다리지 말라 했

지, 그러니 못된 아이들한테 놀림을 받잖아…. 앞으론 절대 나와 있지 마! 내가 너희 집으로 갈 테니까 알았지?"

그러면서 슬기는 서희의 어깨를 보듬다가 또다시 울컥 마음이 쏟아져 서희의 귀에다 대고…,

"서희야! 나 간다. 이상한 생각 말고 조금만 더 기다려. 내가 꼭 너의 눈과 귀와 다리를 말끔히 낫게 해줄게!" 하고 외치며 뒤돌아보지도 않고 후다닥 집으로 뛰어갑니다.

서희는 슬기의 그 고함에 언뜻 울음을 멈추고는,

'아니, 슬기가 나의 몸을 낫게 해준다고? 어떻게 그럴 수 있어, 아니 그러할 수 있다면 얼마나 좋을까? 하지만 그건 도저히 불가능한 일이야, 그냥 슬기가 나를 위로하느라 한 말이겠지…. 그래, 그래도 아무튼 고마워 슬기야, 난 네가 있어 누가 뭐래도, 어떠한 어려움도 꼭 참으며 내일을 향하여 꿋꿋하게 뛰어갈 거야….'

집으로 돌아온 슬기는 엄마를 도와 청소한다는 조금 전의 생각도 잊은 채 더욱 입술을 꼬–옥 말아 물고 앉아 정성스레 허수아비만을 그립니다.

슬기의 그런 모습을 바라본 엄마는 슬기가 이상하다 싶어,

"슬기야, 너 요즘 왜 학교에서 돌아오면 방에만 꼭 박혀 있니? 오늘은 더욱 그러하고… 무슨 말 못할 고민이라도 있는 거

니?"

"아니야 엄마, 요즘은 숙제가 좀 많아 그것을 하느라고 그래. 오늘은 더욱 그러하고. 아무 일도 없으니 걱정하지 마, 엄마."

슬기 엄마는 그제야 안심이 된 듯,

"그러니? 그럼 다행이고…."

그러나 슬기는 꿈에서 만난 할아버지와의 약속을 서희나 엄마에게 말하지 못하고 끙끙거리며 허수아비 그리기에만 열중을 합니다.

짤막한 동화 1-5

슬기의 외출 -놀이방을 지나며

수요일 오후입니다.

슬기는 엄마의 심부름으로 읍에 갔다 돌아오는 길입니다. 서희를 생각하며, '왜 사람들은 몸이 아픈 이들을 보듬어주지는 못할지언정 놀리거나 무시하는 것일까? 자기들도 언제 어떻게 될지 모르면서…. 그리고 또 괜히 미워하고 시기 질투하며 남이야 어쨌든 자신의 이익에만 급급한 것일까? 서로 배려하고 보듬어 안는 동그라미였으면 차-암 좋으련만….'

슬기는 그러한 생각으로 고개를 푹 숙이고 걷고 있는데 멀리 교회에서 들려오는 은은한 종소리를 깨트리는 아이들의 웅성거림이 들립니다.

고개를 돌려 바라보니 자그마한 유치원 놀이방입니다. 슬며시 다가가 창문 너머로 들여다보니 티 없이 맑은 눈동자의 꼬맹이들이 서로 엉겨 노느라 야단입니다.

슬기는 한참을 창가에 기대어 그들의 모습을 바라보다 돌아서며 정말 저렇게 티 없이 맑은 세상이었으면 얼마나 좋을까… 하며 또 한참을 걷습니다.

❦ 놀이방

빨주노초파남보
재잘재잘 새싹들

구르고 널뛰고
강강수월래 짝짜꿍

한아름 동그라미
지상천국 별빛들

세상 바람 때 바람
욕심 바람 미운 바람
모두모두 저렇듯 해맑았으면…

"아야, 아야! 엄마, 잘못했어요…."

"그래, 얼른 갈 거지? 너 지금 영어 일어 학원만 갔었지? 미술 피아노 학원은 안 가고 놀다 왔잖아, 그지? 엄마가 다 알아. 옆집에 영재는 학원을 여섯 군데 다녀도 모자란다는데 너처럼 그래 가지고 언제 그 애보다 앞설 거야, 응?"

어느 멋진 담 너머 두툼한 집안에서 아마도 내 또래 아이가 학원을 안 간다고 엄마한테 매를 맞고 있는 듯합니다.

슬기는 '아, 다행이다. 나는 학원일랑 갈 생각도 못할뿐더러 이렇게 시골에서 자연과 한껏 뛰어놀 수 있으니, 가난도 어여쁜 벗이로구나. 그래, 우리나라 글만이라도 열심히 공부해야지….'

그리고 집으로 돌아와 그 정겨운 개구쟁이들의 모습과 얼굴도 못 본 자기 또래 아이가 매를 맞는 안타까운 모습을 떠올리며 글을 그립니다.

❦ 틀에 갇혀

잠자리서 일어나면
밥 먹는 둥 마는 둥
가방 메고 끙끙 등굣길 바쁘고

학교수업 끝나면
영어 일어 피아노 미술학원
이리저리 돌아돌아 잰걸음 집에 오면
학원숙제 학교숙제 달님도 잠이 들고

엄마 아빠 선생님
눈치 보며 두 근 반 세 근 반
매일매일 꼭꼭 짜여진 시간에 매여

냇가에도 가고 싶고
초원 위를 마음껏 구르고도 싶은데
어휴! 왜 이리 머리도 띵, 가슴도 답답
어깨도 양다리도 아야아야 하는 것일까…

그렇게 세월은 흘러 슬기는 어느새 6학년 졸업식 날이 다가옵니다. 6년이 다가도록 슬기가 그린 허수아비는 20만 개가 넘었습니다. 그러나 허수아비들은 날기는커녕 기는 흉내도 내지 않습니다.

슬기는 지쳐서 '아, 안 돼 안 돼! 나는 할 수가 없는가 봐. 할아버지는 거짓말쟁인가, 아니면 내가 열심히 안 해서 그런가? 어찌하여 허수아비들은 꿈짝도 안 하는 거지?' 하며 포기할까 망설이는 날 밤입니다.

슬기는 잠을 못 이루고 뒤척이며 이 생각 저 생각 하다 새벽녘에 깜빡 잠이 들었는데 할아버지가 슬기 앞에 나타났습니다.

할아버지는 그전과 같이 슬기를 바라보며 빙긋이 웃더니,

"슬기야, 그동안 애 많이 썼구나. 네가 그렇게 서희를 위하여 하루도 쉼 없이 꼬박꼬박 열심히 허수아비를 그렸으니 이제 그 허수아비들이 온 세상을 향해 훨훨 날 때가 된 것 같구나. 마침 내일이 네가 초등학교를 졸업하는 날이니 졸업식이 끝날 즈음 허수아비를 그린 공책을 포르르 넘기면서, '서희야! 사랑해!' 하고 크게 외치거라. 그러면 그 허수아비들이 화르르 날며 순간 서희의 몸은 다 나을 것이다."

하시곤 또 할아버지는 훽 오간 데가 없습니다.

슬기는 그동안 허수아비 그리기에만 열중하다 보니 내일이 졸업식 날인지도 모르고 지냈던 것입니다.

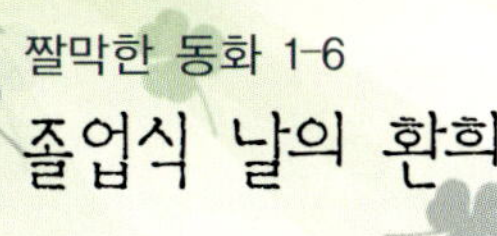

짤막한 동화 1-6

졸업식 날의 환희

이튿날입니다. 슬기가 다니는 학교 전교생은 운동장에 모여 교장선생님의 졸업식 인사말을 간단히 듣고, 강당 안으로 들어갑니다.

그리고 저학년들이 불러주는 '고향의 봄' 노래와 '졸업식' 노래를 부르며 선생님들과 아이들은 작별인사를 나눕니다.

슬기는 뒤에서 들려오는 손뼉소리에 힐끗 돌아보니 부모님들이 많이 와 있었고 그 가운데는 자신의 엄마 얼굴도 보입니다. 그런데 엄마 곁에는 생각지도 않은 서희가 막대기에 몸을 의지한 채 손에는 어디서 구했는지 조화 몇 송이를 들고 서 있습니다.

슬기는 서희를 바라보는 순간 또 울컥 쏟아지는 눈물을 참으며 어젯밤 꿈속에서 할아버지가 가르쳐준 대로, "서희야 사랑해! 사랑한다고!" 외치며 공책 장을 넘깁니다.

순간, 슬기의 공책에 그려져 있던 허수아비들은 열려진 창밖으로 모두 날아 세상 가득 꽃으로 함빡 피었습니다.

왁자지껄 어수선하던 강당 안은 무슨 일인가 싶어 갑자기 조용해지고… 그때였습니다.

"앗! 세상이 보인다! 슬기야, 네가 보여! 잘 보인다고! 그리고 잘 들려… 슬기야!" 하며 서희는 막대기도 내던지고 슬기에게로 뛉니다.

슬기도 엉겁결에 서희야 하며 서희에게로 뛰어가 둘은 서로 왈칵 부둥켜안고 흐느껴 울고…, 그 모습을 바라보던 모두도 그제야 그 둘의 눈물겨운 사연을 알고는 한동안 함께 마음이 뜨거워집니다.

그동안 친구 서희를 위해 하루도 쉬지 않고 열심히 허수아비를 그린 슬기의 인내에, 하늘과 땅이 감동하여 슬기가 그린 허수아비마다에 서희 엄마의 영혼과 슬기의 고운 마음을 곁들여 노랗고 하얀 '애기똥풀 꽃과, 망초 꽃'을 피워 서희를 낫게 한 것입니다.

잠시 조용한가 싶던 강당 안은 이내 손뼉을 치며 기쁨의 함성이 쏟아지고, 졸업식을 마친 슬기와 서희는 서로 양 볼에 흐르는 눈물을 닦아주며 운동장으로 나옵니다.

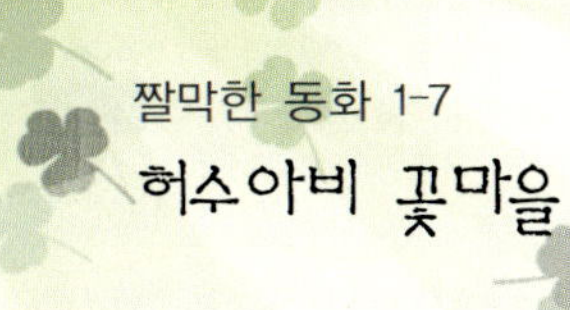

짤막한 동화 1-7

허수아비 꽃마을

만만 색으로 춤추는 세상은 노랗고 하얀 꽃이 서로 어우러져 마치 노란 양탄자 위에 눈송이들이 구르듯 은물결을 이루며 더더욱 아름다움을 자아내고….

둘은 서로 꼬옥 보듬어 안고 서희는 슬기를 바라보며,

"슬기야, 고마워! 이 모든 것이 다 너의 덕분이야!"

"고맙긴 뭘, 할 수 있으니 했을 뿐인데. 서희야, 우리 그런 말하지 말고 이제 힘차게 달리자!"

"그래, 그래, 하하!"

슬기와 서희는 나란히 손을 잡고 서희 엄마의 묘소를 향해 힘차게 뛰어갑니다.

"엄마, 아직도 잠 자? 일어나 빨리, 엄마 딸 서희가 슬기의 도움으로 이렇게 온몸이 말끔히 다 나아서 뛰어왔단 말이야… 엄마, 기쁘지? 그지 응…."

그렇게 둘은 그 옛날의 건강한 정겨움으로 돌아가고…,

그 후 동네 입구 정자나무에는 슬기의 공책을 걸어두고, 주위엔 애기똥풀과 망초가 4월부터 가을 끝까지 낮이나 밤이나 꽃을 피우며 다치거나 아픈 사람들이 찾아와 슬기의 공책을 바라보며 애기똥풀과 망초의 꽃잎을 따서 달여 먹거나 찧어 바르면 말끔히 나았습니다.

그것은 슬기가 어릴 때 어딘가 아프거나 다치면 엄마가 그렇게 하여 주었고, 그러하면 또 씻은 듯 나았기 때문입니다.

그때부터 사람들은 슬기의 공책을 '우정이 낳은 요술공책'이라 부르며, 애기똥풀 꽃과 망초 꽃을 일컬어 서희 엄마의 영혼과 슬기의 인내가 깃든 '허수아비 꽃'이라 불렀습니다.

또한 슬기와 서희가 사는 마을을 '허수아비 꽃마을'이라 불렀고, 해마다 많은 사람들이 산만큼 바다만큼 모여듭니다.

'엄마, 고마워…. 슬기도 너무너무 고맙고…. 우리 학교 우리 반 친구들, 선생님, 언니, 아우들도 모두 모두 안녕….'

제4장

뻐꾸기 우는 사연

-후일 그 여인의 자식이 그린 짤막한 동화 2

짤막한 동화 2-1

능수버들과 벼들의 속삭임

하늘빛 닮은 세상의 푸름이 은물결로 춤추는 여름 한낮에, 벼들은 생존 경쟁에서 뒤지면 안 된다는 위기의식에 뙤약볕도 아랑곳하지 않고 고개를 쑥쑥 들어 하늘을 향해 앞서거니 뒤서거니 야단입니다.

그런 모습을 바라보고 있는 허수아비는 벼들이 자신의 품에서 새들의 두려움을 잊고 무럭무럭 잘 자라고 있는 것이 너무도 대견스러워서 자신도 더위를 잊고 마냥 즐겁기만 합니다.

그때 논두렁 너머 도랑가에 고개를 푹 숙이고 땅만 응시하고 있던 능수버들이 중얼거립니다.

"그래, 좋을 때지. 때 묻지 말고 티 없이 잘 자라, 잘 영글어야 할 터인데, 벌써부터 저리 야단들이니…."

그 소리를 들었는지 한 폭의 벼가 능수버들을 바라보며,

"버들아, 너 지금 우리 보고 뭐라고 그랬니? 뭐, 때 묻지 말고 티 없이 맑게 잘 자라 잘 영글어야 한다고? 그게 무슨 뜻이지…"

버들은, "으응, 아무 뜻도 아니야. 그냥 내가 세상이 너무 어

수선해 노파심에 중얼거려 본 거야, 별 신경 쓰지 마….”

그래도 벼는 능수버들의 말이 자꾸 마음에 걸렸고, 또 자기들과는 달리 고개를 푹 숙이고 땅만 내려다보는 능수버들이 이상하다는 생각이 들었습니다.

“아니야, 분명 네가 지금 흘려버린 말에는 그 무슨 깊은 뜻이 있는 거 같아. 그리고 또 너는 왜 매일 하늘 한 번 안 쳐다보고 땅만 내려다보고 있는 거니? 마치 무슨 잘못이라도 한 것처럼….”

능수버들은 말을 할까 말까 잠시 머뭇거리더니,

“으-음, 사실은 내가 지나온 세월을 돌아보며 생각하니 나라는 본분을 잃고 남보다 앞서기 위하여 여기 갔다 저기 갔다 하며 정신없이 욕심을 많이 부렸던 것 같아…. 그래서 이렇게 아름다운 세상에 미안하고 부끄러워 고개를 숙이고 흐르는 물만 바라보며 살기로 했지….”

“아, 그랬었구나. 그런데 나와 여기 모두는 너와 생각이 달라. 그리고 또 이 경쟁 시대에 스스로를 내세우지 않고 남에게 뒤지면 도저히 살아갈 수가 없어. 그래서 우리는 이렇게 악착같을 수밖에 없거든….”

그러한 둘의 속삭임 속에 어떤 벼는 능수버들의 말을 귀담아 듣고, 또 어떤 벼는 조금 듣는 척하다 말고, 어떤 벼는 아예 그냥 스쳐 버립니다.

그렇게 능수버들과 벼의 속삭임을 듣고 있던 허수아비는,

"그래, 나는 하늘도 땅도 올려다보거나 내려다보지 않고 그냥 이렇게 수평의 아름다운 세상만 바라보며 벼들을 보호하는 일에만 충실해야지…" 하며 능수버들이 말한 물의 흐름과 박쥐의 일생을 그려봅니다.

그때 능수버들이,

"그렇게 열심이어도 결국은 너도 버림을 받을 걸?"

허수아비는,

"뭐? 왜 내가, 무엇 때문에 누구에게 버림을 받아?"

"그래, 더 두고 보면 알아, 내가 하는 말의 뜻을…."

허수아비는,

"흥, 웃겨! 내 이리 벼들을 위하여 열심인데 무슨 소리를 하는 거야!"

그들의 그러한 속삭임 속에 한여름이 건듯 지나고 온 벌판은 황금빛으로 너울너울 춤을 춥니다. 농부는 누르스름한 벼를 바라보며 흐뭇한 마음으로 머지않아 추수를 해야겠다고 생각한 날 밤, 때 아닌 폭우가 세차게 쏟아집니다. 밤새 걱정을 하던 농부는 이른 아침, 벼가 쓰러지지는 않았나 싶어 논으로 휑하니 나갑니다. 다행히 벼는 안 쓰러지고 새를 쫓던 허수아비만 쓰러져 있었습니다.

농부는 허수아비를 일으켜 세우며 벗겨진 옷과 모자를 주섬주섬 입히고 씌웁니다.

'그래, 나의 자식이 밤새 내가 어떻게 되었나 싶어 아침 일찍 나와 쓰러진 나를 일으켜 세우고 벗겨진 모자와 옷을 다시 입혀 주는구나!'

허수아비는 농부가 자기 자식이라 믿으며 기분이 참 좋았습니다.

짤막한 동화 2-2

허수아비의 세상 나들이

벼를 베는 날입니다. 농부가 낫을 늘고 벼를 베려는데, 어떤 벼들은 능수버들처럼 고개를 폭폭 숙이고, 어떤 벼들은 반쯤 숙이고, 어떤 벼들은 고개를 빳빳이 세워 하늘을 빤히 쳐다보고 있습니다.

농부는 벼를 베며 고개를 폭폭 숙인 벼들은 '그래 그래, 아주 기특하게 알이 잘 찼구나…' 하고, 반쯤 고개를 숙인 벼들은 '음, 겨우 씨앗 값은 했구먼…' 하며 따로 따로 분리를 하더니, 고개를 숙이지 않은 벼들은 논바닥에 깔아 짓밟아 버립니다.

그렇게 짓밟히고 분리된 벼들은 지난 시간 능수버들이 마냥 고개 숙여 '물 흐름을 바라본다'는 말의 뜻을 다시금 곰곰이 생각해 봅니다.

땀을 뻘뻘 흘리며 벼를 베어 탈곡을 끝낸 농부는 허허한 논에 우두커니 서 있는 허수아비가 영 보기 싫던지 뚜르르 다가오더니 다짜고짜 쑥 뽑아 찔레 넝쿨이 울창한 개울가로 휙 집어던져 버립니다.

'앗! 따가워. 이놈이 미쳤나? 어미를 이렇게 괄시하다니. 아니야, 아닐 거야!' 허수아비는 가시가 앙칼진 찔레 넝쿨 위에 나자빠지며 중얼거립니다.

찔레 넝쿨도 깜짝 놀라 허수아비를 바라보며,

"뭐야 너, 깜짝 놀랬잖아! 그런데 어디서 무엇 하러 여기 왔니?"

"나 말이야? 그야 우리 자식이 여름내 논에 서서 새를 쫓느라 수고했다고 바깥세상 나들이 좀 하라고 해서 왔지!"

찔레 넝쿨은 깔깔 웃으며,

"뭐? 그 농부가 네 자식이고, 바깥세상 구경을 하라고? 이 바보야, 내 말 잘 들어. 그 농부는 네 자식도 아니고 너를 그렇게 보살펴주고 끔찍이 생각도 안 해. 다만 너를 이용하여 새들이 벼를 쪼아 먹지 못하게 했을 뿐이야. 그러다 탈곡이 끝나 네가 필요 없으니 너를 내동댕이친 것이라고, 알겠니?"

허수아비는 찔레 넝쿨의 이야기를 가만히 듣다가,

"아니야, 아니라고! 절대 그럴 리 없어."

"맞다니까, 내 말이! 인간들이란 다 그래. 자기들이 필요할 때만 이용하고 필요치 않으면 언제든지 가차 없이 내버린다는 것을 알아야지…. 나도 처음에는 가시가 야들야들 예쁘게 꽃을 피웠지. 그러면 인간들은 향기도 맡고 대궁도 꺾어 먹으며 즐기다가 추수가 끝나면 논두렁 밭두렁을 청소한다며 낫을 들고 와서는, 뭐 내가 지저분하다나? 가죽 장갑까지 끼고 사정없이 잘라다가 아궁이에 넣고 불귀신을 만들곤 하지. 그래도 어쩌겠니, 이것이 다 나의 운명이려니 하고 참으며 살아갈 수밖에…. 그러니 너도 이제 필요가 없어지니 그렇게 내동댕이쳐지는 거야, 알았니? 내가 하는 말의 뜻을…."

그래도 허수아비는 찔레 넝쿨의 말을 믿지 않고 고개를 설레설레 젓습니다.

"바보, 넌 정말 바보로구나…."

"그래, 난 바보다, 바보라고! 그건 그렇고 찔레 넝쿨아, 나 지금 몹시 몸이 따가워 죽겠거든…. 그러니 어서 내 몸에 콕콕 박혀 있는 가시나 좀 빼어주렴."

"알았어. 하지만 내 다시금 너에게 일러주는데 절대로 인간을 믿어선 안 돼, 알았지? 가만히 생각해 봐. 여름내 그렇게 논 가운데 서서 뙤약볕에 물 한 모금 못 얻어먹고 쫄쫄 굶으며 벼를 보듬어 키웠어도 벼는 그렇다 하더라도 농부가 너더러 고맙다는 말 한마디 하든? 그러니 수고했다는 것은 순전히 네 마음이고 농부는 아니야…. 오죽하면 내가 사람이라고 안 하고 인간이라 하겠니? 물론 모두는 인간이란 명칭을 벗어던지고 사람이란 명예를 받아 안아 행복하지만 개중에는 이런저런 방정으로 그러하지 못하여 암울한 인간 그대로 살아가는 자들도 있지…."

그러면서 찔레 넝쿨은 솔바람을 불러 허수아비의 몸에 박힌 자신의 가시를 모두 빼줍니다.

허수아비는 몸을 들썩거리며,

"아, 시원해. 이제 좀 살 것 같다. 고마워 찔레 넝쿨아…."

"고맙긴 뭘, 그걸 가지고. 그런데 이제 어디로 갈 거니?"

"이왕 나온 김에 좀 더 세상 구경이나 해야지…."

그러면서 허수아비는 찔레 넝쿨이 말한 인간은 무엇이고 사람은 또 무엇인지를 곰곰이 생각하며 고개를 갸웃거립니다.

그때 이번엔 슬금슬금 산에서 내려온 심술바람이 허수아비의 바지 끝을 질질 끌고 가 파파노인처럼 허리 굽은 떡갈나무 밑에다 툭 던져 버립니다.

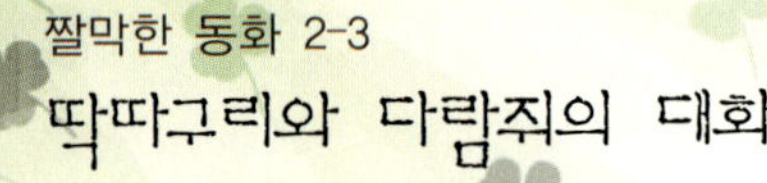

짤막한 동화 2-3

딱따구리와 다람쥐의 대화

딱딱 따다닥 딱딱….

"이게 뭔 소리지?"

허수아비는 가만히 귀를 기울여 소리 나는 쪽을 바라보니 어디선가 날아온 딱따구리 한 마리가 고목을 바싹 끌어안고 빙글빙글 돌며 뾰족한 부리로 마구 쪼아대는 것입니다.

그 옆 고운 단풍의 싱싱한 떡갈나무에는 다람쥐 한 마리가 먹이를 찾는지 이 가지 저 가지를 정신없이 오가다, 걸음을 멈추고 딱따구리에게 말을 건넵니다.

"어이, 딱따구리! 그 늙은 나무는 왜 그리 쪼아대고 있는 건가 시끄럽게…."

그러나 딱따구리는 아무런 대꾸도 하지 않고 더욱 열심히 나무만 쪼아댑니다. 다람쥐는 이상하기도 하고, 자신의 물음에 대답조차 않는 딱따구리에게 무시당한 것 같기도 하여, 슬그머니 화가 치밀어 소리를 버럭 지르며,

"야! 딱따구리. 내 말이 말 같지 않냐? 지금 내가 그 나무를 왜 그리 쪼아 대고 있냐고 묻고 있잖아!"

딱따구리는 귀찮은 듯 다람쥐를 흘깃 돌아보며,

"별 이상한 놈도 다 있군. 보아 하니 조그만 놈이 나이도 나보다는 한참 아래인 것 같은데 어디서 반말이야 반말이! 이놈아, 남이야 나무를 쪼든지 물어뜯든지 네놈이 무슨 상관이야, 상관이. 저리 가! 난 지금 몹시 바쁘단 말이야…."

딱따구리는 다람쥐에게 퉁명스레 말을 던지고는 다시 나무를 쪼아댑니다. 한참을 쪼아대다 이마에 흐르는 땀을 닦으며,

"아! 벌써 해가 지는구나. 이제 해만 넘어가면 날씨가 제법 쌀쌀해지는 걸. 어서 서둘러야겠다. 한 2~3일 더 열심히 쪼아대면 모두 다 완성되겠지…" 하며 더욱 열심히 고목을 쪼아댑니다.

한편, 딱따구리에게 무안을 당한 다람쥐는 기분은 좀 상하지만 그래도 딱따구리의 행동이 너무도 궁금해 견딜 수가 없었습니다. 사실 그 다람쥐는 욕심도 많지만 무슨 일이든 궁금한 것은 도저히 참지를 못하는 성격입니다.

다람쥐는 다시 이번엔 딱따구리에게 존대를 하며,

"보슈, 딱따구리 씨! 아까 내 말에 기분이 상했다면 미안하오. 하지만 그래도 그렇지 나도 나이를 먹을 만큼 먹었는데 놈이 뭐요, 놈이! 그건 그렇고 내 아무리 생각을 해봐도 도대체 이해가 안 되는데 하루 이틀도 아니고 매일 그렇게 나무를 쪼아대는 이유가 도대체 뭡니까?"

이번엔 딱따구리가 소리를 버럭 지르며,

"야, 이놈아! 남은 바빠 죽겠는데 왜 자꾸 아까부터 귀찮게 말을 거는 거야? 걸긴… 그리고 뭐 나이를 먹을 만큼 먹었어? 그래, 대체 네놈의 나이가 몇 살이나 되는데 그러냐?"

"내 나이 말이요? 나 올해 12살이요…."

"뭐, 12살? 하하! 고놈 참 맹랑하네. 이놈아, 나는 내일 모레가 40세 불혹이다, 불혹이야! 원 세상에, 요즘 애들은 '장유유서'도 모르고 자기들 지껄이고 싶은 대로 마구 지껄인단 말이야. 차-암 공부가 큰일이다, 큰일이야…. 그래, 그건 세상이 그렇다 치고 내가 나무를 쪼는 게 그렇게도 알고 싶으냐?"

"그래요, 그러니 어서 말 좀 해보쇼."

"해보쇼? 허 그놈 참, 말버르장머리 하고는…. 에이, 어린놈이 그러니 내 귀엽게 봐주지. 그래 내가 왜 나무를 쪼아 대냐고… 말해 주지. 사실 내 취미는 나무를 쪼는 것이고, 이미 이 고목은 늙고 병들어 쓸모가 없으니 구멍을 뚫어 쓰러트리려는 거야. 이제 알겠냐? 알았으면 더 귀찮게 하지 말고 어여 네 볼일이나 봐라, 봐. 이놈아!"

가만히 딱따구리와 다람쥐의 이야기를 듣고 있던 허수아비는 그들의 대화가 재미있기도 하지만 정말 위아래도 모르고 마구 지껄이는 다람쥐가 버릇이 없는 것인지 세월이 그런 것인지를 생각하며, 한편으론 딱따구리가 고목이 쓸모가 없어 쓰러뜨리려고 한다니 무척 측은하였습니다.

"한때는 저 고목도 자신의 온갖 고초를 감내하며 어린 나무들을 위해 살았을 터인데… 늙고 병들어 쓸모가 없어지면 저리 천대를 받아야 하는 걸까? 그럼 나 역시도 아까 찔레 넝쿨의 말이 맞는 걸까? 아니야, 절대로 그럴 리 없어!"

허수아비는 그래도 농부가 저의 사랑하는 자식이라 믿으며 쓸쓸한 마음을 위로합니다.

한편, 다람쥐는 조금 전 딱따구리가 고목을 구멍 내어 쓰러트린다는 말에 어떻게 저가 그 큰 아름드리 고목을 쓰러뜨릴 수 있단 말인가를 생각하며….

'저놈은 분명히 바보일 거야. 뭐? 저가 고목을 쓰러트려? 흥, 웃겨! 괜히 내가 바보 녀석 노는 꼴을 보고 의아해 했군. 에이, 빨리 집으로 돌아가야지!'

다람쥐는 떡갈나무와 남에게서 슬쩍한 도토리를 양 볼 가득히 주워 담고는 재빨리 자기 집으로 돌아갑니다.

그 모습을 바라보던 딱따구리는 안심이 되는 듯 빙그레 웃으며,

"이놈아! 너같이 자신만 생각하는 놈이 어찌 이 딱따구리 어르신의 큰 뜻을 알 수 있겠니? 내가 이 나무를 쪼아 구멍을 내려는 것은 나무를 쓰러뜨리려는 게 아니야, 이제 얼마 안 있으면

겨울이 올 텐데 그러면 미처 고향으로 돌아가지 못한 철새들은 어떻게 겨울을 날 수 있겠니? 분명 노숙을 하다 얼어 죽을 터인데…. 그래서 우리 집을 새로 지으며, 내친김에 힘은 좀 들어도 몇 채 더 집을 짓는 거란다. 그런데 못되거나 너같이 약삭빠른 놈들이 알면 집이 다 완성되기도 전에 슬쩍 차고 들어올 것이 분명하니, 내 일부러 나무를 쪼아 쓰러뜨린다고 속였던 거다. 후후! 이제야 알겠느냐?"

그러면서 딱따구리는 날이 어두워지는 줄도 모르고 나무를 더욱 열심히 쪼아댑니다. 그렇게 땀을 뻘뻘 흘리며 나무를 쪼아대면서도 딱따구리는 추운 겨울에 집 없는 철새들이 이곳에서 따뜻하게 보낼 수 있을 거라는 생각을 하니 힘은 좀 들지만 너무 너무 기분이 좋았습니다.

그토록 딱따구리가 나무를 쪼아대는 소리는 마치 천사의 노래처럼 어둠을 가르고 온 산천을 메아리치며 아늑함은 더해 갑니다.

그러한 딱따구리의 마음을 모르는 다람쥐는 자기의 작은 굴속 방으로 돌아와 벽에 난 구멍이란 구멍은 다 틀어막고 윗목에 잔뜩 쌓아놓은 도토리와 알밤을 한 알 한 알 꺼내어 까먹으며… 아까 딱따구리가 고목을 쪼아 쓰러트린다는 말이 어찌나 바보스러운지 배꼽을 움켜쥐고 대굴대굴 구르며 까르르 까르르 밤은 깊어갑니다.

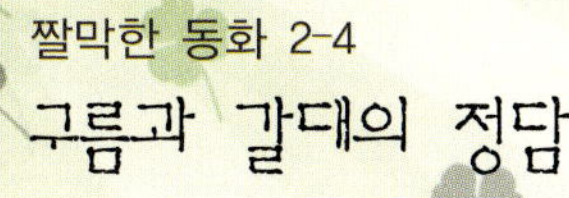

짤막한 동화 2-4

구름과 갈대의 정담

한편 그들의 대화를 듣고 딱따구리의 마음을 알게 된 허수아비는, "그러면 그렇지, 아무렴 나이 먹은 딱따구리가 철없는 다람쥐와 같으려고…."

그러는 사이 밤은 깊어 바람도 잠이 들고 허수아비는 하는 수 없이, "그래, 오늘은 여기서 하룻밤 신세를 져야지…" 합니다.

훤한 달빛 아래 주위는 고요만이 흐르고… 허수아비는 지나온 이런저런 일들을 생각하며…,

"그래, 열심이었긴 했지만 어쩌면 모든 것이 다 부질없음인지도 몰라…."

풀숲에 누워 스르르 눈을 감는데, 어디선가 또 소곤거리는 소리가 들려옵니다.

허수아비가 다시 귀를 기울여 듣자니 길 지나던 구름이 언성을 높입니다.

"야, 갈대야! 너 나에게 그 무슨 감정이라도 있는 거니? 예전엔 안 그랬는데 요즘은 하얀 머리칼을 풀어 얼굴을 가리고 아예 말은커녕 나를 보려고도 하지 않으니 말이야…."

정신없이 호수의 거울을 바라보고 머리를 빗어 내리던 갈대가 퉁명스럽게 내쏩니다.

"흥, 감정은 무슨 감정! 그건 그냥 네 생각일 뿐, 나는 아무렇지도 않거든!"

"거봐, 지금도 너는 말하는 투가 분명 나에게 무슨 언짢은 감정이 있는데 아닌 척하는 거야, 맞지?"

"아니라고! 아니니 신경 건들지 말고 어서 네 볼일이나 보라고!"

그러면서 갈대는 구름에게,

"내 지금에서야 말하는데, 그러는 너는 요즘 나를 만나면 예전처럼 아기자기하게 대하니? 지금도 봐, 네가 먼저 소리를 지르잖아?"

구름은 움칫 자기 자신을 돌아보며, 지금도 그렇고 그동안 정말 갈대를 등한시하지 않았나 하는 생각을 합니다.

그랬습니다. 갈대와 구름은 가난했던 몇 해 전까지만 해도 무척이나 다정다감했습니다. 그런데 시간이 지나며 서로 생활이 좀 나아지고 배가 부르니 지난날의 순수함을 잊은 것입니다. 그리고 언제부턴가 미운 감정이 파란 가슴 가득 싹트기 시작한 것입니다. 그래서 그 둘은 서로 바라보며, "흥, 지가 언제부터 잘났다고 껍죽거려 껍죽거리긴!" 하면서 시기하기 시작한 것입니다.

그러던 구름이 답답한 마음에 무심코 툭 던진 말이 갈대로 하여금 더욱 기분을 언짢게 한 것입니다. 그러나 구름은 그동안 세상을 돌아다니며 많은 것을 보고 들으며 느낄 수 있었기에 갈대의 말에 자신을 돌아볼 수 있음이 참으로 다행이란 생각이 들었습니다.

"그래, 나는 다닐 수가 있지만 갈대는 다닐 수가 없어 세상 모든 사실을 잘 알 수가 없어. 답답한 마음에 그럴 수도 있으니 내가 이해를 해야지…."

구름은 갈대의 퉁명스러운 대꾸에 기분이 좀 상했지만, 감정을 삭이고 빙그레 웃으며 아주 부드럽게 자신의 마음을 진솔하게 전합니다.

"갈대야, 너는 차-암 좋겠다. 늘 이웃과 오순도순 속삭이며, 밤이면 훤한 달빛 아래 머리 곱게 빗어 넘기고 은물결 찰랑찰랑 파도놀이를 하니 말이야…. 그런 너의 모습이 오늘은 더욱더 우아하고 어여쁘구나. 그래서 사실은 조금 전에도 그렇고 그동안도 괜히 미웠던 거야…."

갈대는, "뭐, 뭐라고? 뭐가 우아하고 어여뻐? 그리고 그래서 미웠다고? 너 지금 나를 놀리는 거니?"

구름은, "아니야! 조금 전까지만 해도 그랬지만 지금은 정말 그동안의 내 마음을 진솔하게 전하는 거야…."

그러한 구름의 말을 가만히 듣고 있던 갈대는 정말 구름의 말이 조금 전과는 달리 너무도 포근하고 다정다감하다는 느낌에 '그럼, 그동안 나도 괜히 저 아이를 미워한 것일까?' 하며 꽁꽁

얼었던 마음이 스르르 풀어집니다.

"아니야, 난 네가 더 부러운걸! 나는 모두와 어울려 살 수는 있어도 너와 같이 시시로 때때옷 갈아입고 가고 싶은 데를 다니며 세상 구경을 할 수 없는걸!"

갈대는 그동안 자신이 저녁노을에 붉게 물들어 오가는 구름의 고운 모습을 바라보며 미워했던 사실을 나직이 털어놓습니다.

구름은 갈대에게,

"세상 구경은 뭘… 언제나 가만히 쉬고 싶어도 못 쉬고 매일 이렇게 쓸쓸히 바람에 이끌려 이리저리 다녀야 하는 걸…. 이제는 다리도 아프고 너무나 피곤해. 그리고 세상도 다니는 곳마다 아름다운 곳도 많지만 엉망으로 시끄러운 곳도 많아. 그래서 싫어. 차라리 너처럼 세상 구경은 못해도 이웃과 도란도란 이야기하며 살고파…."

갈대는 구름에게,

"아 참 그래, 너는 세상 구석구석을 돌아다니니까 재미난 구경도 많이 하겠구나. 이야기 좀 해줄래?"

"이야기는 뭐, 별로 마음에 닿는 사연도 없는데…. 차라리 너처럼 가만히 보고 듣지도 않는 것이 약인지도 몰라!"

"뭔데, 응? 무슨 이야기인데, 해줘라…."

갈대는 점점 더 궁금하여 구름에게 그동안 맺혔던 마음이 모두 풀어졌는지 이제는 보채기까지 합니다.

당신의 말 한마디

당신의 성난 표정과 거친 말 한마디가
상대의 아름답고 즐거운 마음을 상처주고

당신의 웃는 얼굴과 겸손한 말 한마디가
상대의 꽁꽁 언 마음을 따스하게 녹여줍니다

무심코 던진 당신의 말 한마디는
상대를 아귀로도 천사로도 만들 수 있는

당신의 성숙된 참 모습이요
상대의 해맑은 미소는 곧 스스로의 행복입니다

구름은 갈대에게 모르는 것이 약이래도 하면서…,

"지금 세상이란 지구촌은 초고속 문명의 발달로 눈부시게 아름답고 편하기 그지없어. 그러나 더 그러하기 위한 여러 색들의 의견 충돌로 인한 환경파괴로 자연재해는 물론 인재로의 아픔도 곳곳마다 엄청이야…. 모든 것이 다 생각 없이 행하는 부주의에서겠지…. 우선 나를 봐. 나도 안 아플 땐 모두가 부러워할 정도로 몸이 하얗지만 아플 땐 이내 시커메져 견디다 못해 울곤 하잖아. 왜 그런지 알아, 하나같이 모두 오염되어 가고 있다는 사실 때문이야…."

"아, 그랬었구나…. 난 또 그런 것도 모르고 네가 울 때마다 재가 왜 그러지, 너무 즐거움이 벅차 그러나? 오해를 하고 더더욱 미워졌지 뭐야…. 미안해 구름아… 사실 나는 여기 가만히 서서 늘 같은 생각을 하는 친구들과 고요히 지내다 보니 세상도 그러한 줄만 알았지. 그런데 네 말을 듣고 보니 그게 아니구나…. 그러나 때로 마음이 안 맞아 기분이 좀 상해도 형평이 달라야 뭐든지 더 좋아지는 것이 아닐까?"

"그야 그렇지…. 그렇지만 모든 것이 너무 심하면 차라리 너와 네 친구들이 한 가지 생각으로 발전은 없어도 조용히 살아가는 것보다 못할 수도 있다는 이야기지 뭐…. 아무튼 갈대야, 그래도 다행인 것은 대다수가 그러한 아픔이 좀 있어도 살그니 참으며 더 푸르고 새하얀 동그라미를 만들기 위하여 한결같이 노력을 하고 있다는 사실이야…. 그러니 그 정도만 알고 너도 몸

조심해. 지금 네가 살고 있는 그곳도 조금은 오염이 되어 있을지도 모르니까…."

"그래, 고마워 구름아. 너 때문에 세상 돌아가는 모습을 조금은 이해할 수 있었으니, 그동안의 답답함이 이-만큼 풀어지는 것 같아 한결 마음이 상쾌해지는구나…."

그러한 이야기들을 나누며 갈대와 구름은 다시금 자신들을 돌아보며 잘살게 되니, 그 가난했던 시절의 순수함을 홀짝 까먹고 우쭐대며 서로 등을 돌렸던 것에 깊은 반성을 합니다.

"갈대야, 구름아! 우리 이제 세상 이야기와 더불어 서로의 마음을 더욱더 잘 알았으니 지금까지의 이기심과 시기 질투의 위선을 툭툭 털어 버리고 더욱더 이웃도 따뜻이 살피며 정겹게 지내자…."

"그래, 그래."

둘은 서로 바라보며 생긋, 하나의 미소가 됩니다.

한편, 쥐를 막 잡았던 고양이도, 달을 꽁꽁 동여매 놓았던 거미도 구름과 갈대가 그처럼 다정히 속삭이는 모습을 바라보며, 무슨 생각에서인지 고양이도, 거미도 쥐와 달을 모두 놓아줍니다.

또한 그동안 벽을 높게 쌓고 유리를 꽂아가며 걸핏하면 이웃과 쌩하게 지내던 모두도 벽을 허물고 어둠을 하얗게 쓸어내며 강강수월래 한아름 동그라미를 이룹니다.

그러한 그들의 모든 모습을 물끄러미 바라보던 허수아비는 낮에 딱따구리와 다람쥐와, 지금 구름과 갈대의 대화를 마음에 소복이 담으며 다시금 많은 것을 생각합니다.

'그래, 세상 구경 나오길 차-암 잘했어. 안 그러면 아무것도 모르는 정말 허수아비 같은, 허수아비일 텐데 말이야!'

허수아비는 조금 전의 여러 생각을 떨쳐 버리고 풀 베개 베고 사르르 잠이 듭니다.

아침입니다.

눈부시게 맑은 햇살을 안고 어디선가 쌀랑한 바람 한 점이 다가와 허수아비의 가녀린 손을 찌르르 잡아끕니다.

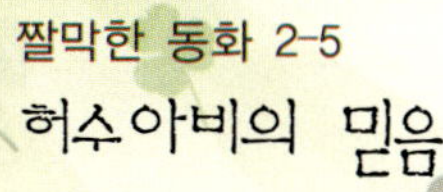

짤막한 동화 2-5

허수아비의 믿음

"너 어딜 갔다 오니?"

아직 추수가 끝나지 않은 게으름뱅이 뱅씨네 논에 서 있던 허수아비가 말을 건넵니다.

"보면 몰라? 추수를 일찍 끝낸 우리 자식이 그동안 수고했다고 바깥세상 구경 좀 하라 해서 갔다 온다 왜?"

"후훗, 웃겨…. 뭐? 농부가 네 자식이고, 놀러 가라고, 놀러 가긴 뭘 놀러 가고, 수고는 또 무슨 수고야? 추수가 끝나 네가 별 볼일 없는데, 논 가운데 우두커니 서 있으니 보기 흉물스러워 쑥 뽑아 던져 버린 것을 바람이 또 끌고 오는 거잖아…. 나도 우리 주인이 게으르지만 않았으면 벌써 너와 같은 신세가 되었을 거다."

"뭐, 뭐라고? 농부가 내 자식이 아니고 주인이라고? 너도 찔레 넝쿨하고 똑같구나!"

허수아비는 아까부터 꾹 참고 있던 화가 치밀어 소리를 버럭 질러 욕이라도 하려다 꾹 참고,

"아니야, 농부는 틀림없는 내 자식이고, 내 자식은 너의 자식하곤 다르다고…."

혼자 중얼거리며 상한 마음의 화를 삭입니다.

허수아비들이 그렇게 언쟁을 하고 있을 때, 저쯤에서 농부가 갈퀴를 들고 다가옵니다.

"야, 내 자식이 온다! 나에게 또 무슨 좋은 일을 하려고 하는 것일까?"

허수아비는 기분이 참 좋았습니다.

농부는 허수아비 옆에 오더니 논두렁의 검불과 흩어진 볏짚들을 북북 갈퀴로 긁어모아 그 위에 허수아비를 올려놓고 불을 놓습니다.

"이것 봐라, 그동안 수고했다고 이제는 나의 자식이 하늘나라로 보내주려고 이렇게 재를 만들고 있잖아. 나는 하늘나라에 가서 표창도 받을 걸…."

허수아비는 그처럼 온몸이 새까맣게 타들어가면서도 끝까지 농부를 자기의 사랑하는 자식이라고 믿으며 절대로 미워하거나 원망하지 않습니다.

그러면서 뱅씨네 논에 서 있는 허수아비와 찔레 넝쿨에게,

"친구들아, 안녕! 그동안 재미있고 고마웠어. 우리 나중에 천국에서 만나자…."

그렇게 서서히 지워져 가는 허수아비를 바라보고 서 있던 뱅씨네 논에 허수아비도, 도랑가에서 혹 베어지지나 않나 바싹 몸을 움츠리고 바라보던 찔레 넝쿨도 고개를 갸웃갸웃하며,

"정말 저 허수아비의 말이 맞는 걸까?"

그러면서 그동안 모든 사유를 불신으로만 여겼던 자신들의 마음이 부끄러워 얼굴이 홍당무로 변합니다.

한편, 그러한 광경을 저쯤 나뭇가지에 앉아 바라보며 재잘거리던 참새들은,

"얘들아, 이제 허수아비가 아예 없어졌으니… 아니 있다 하더라도 우리가 뭐 지금은 벼 알을 훔치는 것도 아니고 순전히 버려진 것을 줍는 것이니 누구도 나쁜 짓이라고 미워하지 않겠지…. 그러니 이제 마음 놓고 어서 먹이를 찾자…. 그리고 이제부터는 절대로 남의 벼를 몰래 쪼아 먹기 위해 눈치 보며 살금살금 기지도 말고 말이야…."

"그래, 그래!"

참새들은 오르르 논으로 날아내려 강중강중 뛰며 좋아라 벼 알을 찾고, 바람이 불어오자 재가 된 허수아비는 천국을 향해 하늘하늘 날아 아득히 멀어져 갑니다. 멀어지며…,

"그래, 참새들아! 늘 그런 심성으로 우리 다음에 또 만날 수 있다면 다시는 쫓는 듯 쫓기는 사이가 되지 말고 정겨운 이웃이 되자. 그럼 온 세상 모두모두 안녕! 그동안 마음공부 고맙고,

털털이 허수아비 점 하나로 떠나지만 그래도 너무너무 행복했는걸….”

천사들의 미소로 하늘 문은 열리고, 온 누리는 해맑은 허수아비 꽃들이 송이송이 동동동 피어납니다.

※ 이 글의 부족함은 엄마란 이름으로 대신하세요.

하늘 땅 바다 건너

연둣빛 잔디 위에
두 손을 깍지 껴 팔베개 베고
동그라미 한아름 하늘을 보니

하얀 구름 까만 구름
애기 구름 아장아장
서로를 밀고 당기며 그처럼 정겹다

살포시 안아다
내 안에 그림을 그리니
모였다 흩어지고 또 흩어지고
저들은 경계도 없는 것일까

너와 나
우리 모두도
언제까지고 저와 같이
오고가고 또 오고 갔으면…